COMPAGNIES DE CHEMINS DE FER

AGENTS COMMISSIONNÉS

[illegible]TION DES DÉLÉGUÉS DE 2,000 MÉCANICIENS & CHAUFFEURS EN 187[illegible]

[illegible]

[illegible]

[illegible]

[illegible]

LES

COMPAGNIES DE CHEMINS DE FER

ET

LEURS AGENTS COMMISSIONNÉS

LES

COMPAGNIES DE CHEMINS DE FER

ET LEURS

AGENTS COMMISSIONNÉS

PÉTITION DES DÉLÉGUÉS DE 8.000 MÉCANICIENS & CHAUFFEURS EN 1871

Proposition CAZOT

PAR M. DE JANZÉ, DÉPUTÉ DES CÔTES-DU-NORD.

SAINT-BRIEUC

IMPRIMERIE DE FRANCISQUE GUYON, LIBRAIRE-ÉDITEUR,

RUES SAINT-GILLES, 4, ET DE LA PRÉFECTURE, 1.

1875

PRÉFACE

A sa rentrée, l'Assemblée va être appelée à se prononcer sur les conclusions de sa 30ᵉ commission d'initiative, conclusions consistant à prendre en considération la proposition Cazot.

Cette proposition, on le sait, a pour but de donner à une classe importante d'agents de chemins de fer une indispensable garantie contre la révocation *arbitraire*, et d'assurer en même temps à ces agents le bénéfice de la juridiction sommaire et économique des prud'hommes.

Le moment m'a donc semblé opportun pour soumettre à l'appréciation de mes collègues un rapide exposé des faits qui ont amené le dépôt de la proposition Cazot, et une justification du double but poursuivi par cette proposition. Si le temps me l'avait permis, j'aurais donné plus de concision à mon travail; mais, tel qu'il est, il permettra à ceux de mes collègues qui auront la patience de le lire, de statuer en connaissance de cause sur les graves questions posées par la proposition Cazot.

DE JANZÉ, DÉPUTÉ.

PROLÉGOMÈNES

Dans les derniers mois de l'année 1870, un certain nombre de mécaniciens appartenant à divers réseaux, mais en grande majorité au réseau de Paris-Méditerranée, se réunissent à Paris. Ils formulent, dans un projet de pétition au Ministre des Travaux publics, les griefs qu'avaient déjà fait valoir, en 1869, quelques-uns de leurs collègues (1), et cherchent à fonder une société de secours mutuels.

Les événements se précipitent et ne permettent pas de donner une suite immédiate à ces projets.

Les mécaniciens qui, pendant la guerre, *avaient montré une activité et un courage dignes d'éloges* (2), donnent de nouvelles preuves de dévouement lorsqu'il s'agit d'assurer le prompt ravitaillement de Paris, à la fin du siége.

Les réunions recommencent au mois de février 1871, et continuent les mois suivants. Le projet de pétition au Ministre

(1) Le 14 décembre 1869, 38 mécaniciens de Paris-Méditerranée avaient adressé leurs réclamations motivées à leur Directeur. Tous avaient été réprimandés pour ce fait et 4 avaient été *révoqués.*

(2) Rapport de l'Inspecteur général des Mines, directeur général du contrôle de l'Etat pour P.-L.-M.

est imprimé et envoyé aux dépôts des divers réseaux, avec prière de formuler des objections et de nommer des délégués.

En même temps, la réunion de Paris s'occupait de divers projets de société de secours mutuels, avec l'espoir d'obtenir l'autorisation administrative pour cette société, lorsqu'elle en aurait arrêté les bases. — Les mécaniciens ignoraient, ce qui est bien excusable, que la loi sur les sociétés de secours mutuels n'autorise pas la formation d'un groupe entre gens qui, quoique de même profession, *n'habitent pas la même commune.*

La société projetée resta donc *à l'état de projet*, mais la pétition, dont les termes avaient été approuvés par les mécaniciens des six grandes Compagnies, fut remise entre les mains du Ministre des Travaux publics.

Quelques jours après, au commencement du mois de juillet 1871, 40 mécaniciens étaient descendus de classe, et 80 étaient frappés de révocation.

Les décisions étaient ainsi motivées :

« Pour la part que X... a prise à l'organisation *d'une réclamation collective* et d'une société de secours *non autorisée*, » ayant pour but d'obtenir, *sous prétexte d'améliorer la situation* » *des agents*, la désorganisation du service de la traction. » (1).

Pour éviter de subir le sort de leurs délégués, *qualifiés de meneurs*, les 8,000 mécaniciens et chauffeurs, *complices de l'agitation pétitionnaire*, durent signer la rétractation suivante :

« Je viens vous informer que je retire mon adhésion à *la* » *pétition* adressée par les chauffeurs et mécaniciens des che- » mins de fer français à M. le Ministre des Travaux publics, » et vous déclarer que je n'entends pas faire partie de la Société » dite fraternelle des mécaniciens français. »

Les mécaniciens *délégués par la presque unanimité des membres*

(1) Voir annexe B.

de leur profession (1) s'adressèrent alors à l'Assemblée nationale, et, au mois de décembre 1871, je déposais leur pétition sur le bureau de l'Assemblée.

Cette pétition, qui concluait à une enquête, soulevait diverses questions, les unes touchant aux intérêts spéciaux des mécaniciens et chauffeurs : les retraites, les congés, les conditions du travail et de sa rémunération; les autres, intéressant en même temps la sécurité publique : la charge et la vitesse des machines (2), la *durée* du travail, etc. (3).

Après que cette pétition fut restée enfouie six mois dans les cartons d'une commission des pétitions, M. Tirard monta à la tribune et adressa à l'Assemblée, le 24 juin 1872, la demande suivante :

« M. de Janzé a déposé sur le bureau de l'Assemblée, au mois de décembre dernier, une pétition signée par un certain nombre d'ouvriers mécaniciens et chauffeurs des Compagnies de chemins de fer. Depuis cette époque, cette pétition n'a été l'objet d'aucun rapport. Dans cette pétition, les ouvriers mécaniciens signalent certaines défectuosités dans le service des chemins de fer et dans le matériel des Compagnies. Les accidents

(1) Rapport du Directeur général du contrôle pour Paris-Méditerranée. Il est vrai, qu'après avoir reconnu ce fait capital que les délégués avaient obtenu la signature de *la presque totalité des mécaniciens et chauffeurs*, M. le Directeur général tente d'atténuer la gravité de cet aveu, en disant qu'on signait *par complaisance, par ignorance, par entraînement*, et que les signatures ainsi obtenues *pouvaient être annexées à une pièce quelconque*. Je n'ai point à discuter la valeur des circonstances atténuantes invoquées par les agents *après la révocation de leurs délégués;* je puis dire seulement que j'ai eu entre les mains des milliers de signatures recueillies sur des feuilles *adhérentes à la pétition* et ne pouvant en être détachées.

(2) Voir annexe D.

(3) Voir annexe D.

qui viennent de se produire dernièrement donnent malheureusement une certaine apparence de véracité aux dires des pétitionnaires. Je demande donc à l'Assemblée de vouloir bien ordonner le renvoi de cette pétition à la commission des » chemins de fer, en priant cette commission de s'enquérir » de la réalité des faits allégués, et d'en saisir l'Assemblée *le* » *plus prochainement possible.* »

Le renvoi demandé par M. Tirard fut ordonné par l'Assemblée; mais, le 14 janvier 1873, M. Dietz-Monnin, au nom de la commission des chemins de fer, venait réclamer de l'Assemblée un nouveau renvoi de cette malheureuse pétition.

« Dans sa séance du 24 juin dernier, disait-il, l'Assemblée nationale a renvoyé à l'examen de la commission d'enquête sur les transports par chemins de fer, une pétition, portant le N° 2921, déposée par M. de Janzé. Cette pétition, signée par les délégués de 8,000 mécaniciens et chauffeurs des six grandes Compagnies, signale à l'Assemblée divers abus qui tendraient à compromettre la sécurité publique et les légitimes intérêts de toute cette classe des travailleurs des chemins de fer.

» Elle demande une enquête.

» Votre commission, après avoir examiné les doléances des pétitionnaires avec toute l'attention que comporte la gravité du sujet, et avec cette bienveillante sympathie qui, dans cette enceinte, s'attache à tout ce qui concerne les intérêts des » travailleurs, quels qu'ils soient, s'est déclarée incompétente » pour une enquête de cette nature. Je viens, en son nom, » vous prier de vouloir bien renvoyer l'examen de la pétition » à la commission présidée par l'honorable duc d'Audiffret- » Pasquier, chargée de l'enquête sur les conditions du travail » en France. »

L'Assemblée vota sans discussion le nouveau renvoi qui lui était demandé.

Huit jours après, les délégués écrivaient au président de cette commission pour demander qu'on s'occupât sans retard de leur pétition, afin de leur assurer « la sécurité dont ils ont » besoin dans leurs périlleuses fonctions, et le juste fruit du » travail le plus pénible. »

Ils ajoutaient : « L'Assemblée nationale ne perdra certaine- » ment pas de vue que, tandis que leurs collègues se mettent » en grève en Allemagne, en Angleterre et en Espagne, les » mécaniciens ne veulent obtenir que par les voies amiables, » et notamment par l'intervention de la plus haute autorité du » Pays, la satisfaction qui est due à des intérêts trop longtemps » sacrifiés. »

Dès le 30 janvier 1873, ils recevaient cette réponse : « Votre » lettre sera, *en temps opportun*, l'objet d'un sérieux examen de » la part de la commission. »

Cependant le *temps opportun* n'est venu, pour la commission d'enquête sur les classes ouvrières, ni en 1873, ni en 1874, ni en 1875, et l'Assemblée terminera sans doute sa longue carrière sans que la commission d'enquête sur les classes ouvrières ait abordé l'examen des graves questions soulevées par la pétition des mécaniciens et chauffeurs.

Ces questions ont pourtant été incidemment abordées, en 1872, par la 10e commission d'initiative, chargée d'examiner une proposition de loi que j'avais déposée, avec plusieurs de mes collègues (1), pour réclamer la création, à Paris, d'une section du Conseil des Prud'hommes chargée de statuer sur les différends des comités de direction avec les ouvriers mécaniciens et chauffeurs.

Cette commission, après avoir entendu M. de Franqueville, les directeurs des six grandes Compagnies et les délégués des

(1) MM. Jules Brame, Raoul Duval, Tirard, Houssard et Guinot.

mécaniciens, se borna à mettre en regard les renseignements recueillis par elle de part et d'autre. Son rapporteur, reconnaissant que la commission avait, en se livrant à cette enquête *sommaire*, dépassé les limites de son mandat, s'abstint d'apprécier la valeur des griefs exposés, et déclara que, à son avis, la plupart de ces griefs tomberaient sous la haute juridiction du Ministre des Travaux publics.

Quant à la proposition relative à la création à Paris d'une 5e section du Conseil des Prud'hommes, la commission se prononça contre sa prise en considération, et ses conclusions furent adoptées par l'Assemblée, le 24 avril 1872, par 341 voix contre 192.

Enfin, au mois de juillet 1874, M. Cazot déposait une proposition de loi ayant ce double but : 1° de supprimer pour les Compagnies la faculté du renvoi *arbitraire* des *ouvriers* mécaniciens et chauffeurs ; 2° d'assurer à ces *ouvriers* le bénéfice de la juridiction des Prud'hommes.

La 30e commission d'initiative (1), chargée d'examiner cette proposition, ne pouvait, comme sa devancière, outre-passer son mandat, en examinant l'ensemble des griefs articulés dans la pétition des mécaniciens et chauffeurs, puisque cette pétition avait été renvoyée en 1873 à la commission d'enquête sur les classes ouvrières.

Elle a donc dû limiter son travail aux deux questions soulevées par la proposition Cazot.

Après de nombreuses séances consacrées à l'examen de cette proposition, elle a voté sa prise en considération.

(1) Cette commission, dont j'ai l'honneur de faire partie, a été longtemps présidée par notre regretté collègue M. Crespin.

LES

COMPAGNIES DE CHEMINS DE FER

ET

LEURS AGENTS COMMISSIONNÉS

I. — Situation des Agents.

Quiconque veut entrer au service d'une de nos grandes Compagnies de chemins de fer est tenu de signer la déclaration suivante :

« Je déclare me soumettre à toutes les dispositions des règlements *intervenus ou à intervenir* dans les services de la Compagnie, et à accepter notamment les suspensions de traitement, retenues, amendes et mises en charge qui pourraient m'être appliquées à raison de mes fonctions, ainsi que les prélèvements que m'imposera ma participation à la Caisse des retraites. » (1).

C'est en vertu de cette déclaration que les agents au service des chemins de fer sont soumis à un code pénal spécial, dont ils sont réputés avoir *accepté librement* (2) toutes les dispositions. Ce code pénal spécial, *superposé* au code. pénal ordi-

(1) Voir annexe A.

(2) Arrêts 62 de la Cour de Cassation.

naire (1), n'a jamais été voté par aucune Assemblée législative, et les juges qui l'appliquent n'ont été investis par aucun pouvoir public du droit de sentencier.

Les agents des Compagnies sont ou *commissionnés* ou *non commissionnés*.

Les *non commissionnés*, payés à la journée, pris, quittés ou repris par la Compagnie, suivant les exigences du service, ne sont liés avec elle que par un simple contrat de louage de services. Le contrat peut se rompre à tout moment, par la volonté d'une des parties, et cette rupture ne peut engendrer aucune difficulté en ce qui concerne ces agents *non commissionnés*.

Il n'en est pas de même pour les agents *commissionnés*, lesquels, payés au mois, encadrés dans un service hiérarchisé, acquérant avec le temps des droits à l'avancement et à la retraite, ne peuvent rentrer au service de la Compagnie s'ils ont donné leur démission ou s'ils ont été révoqués.

Le contrat intervenu entre les Compagnies et les agents *commissionnés* atteste, par ses conditions, *l'intention de longue durée*. Ces agents ne doivent donc pas pouvoir être congédiés *sans indemnité*, à moins que leur révocation ne soit basée sur *des motifs sérieux*, appréciables par la juridiction compétente.

La faculté de renvoi *arbitraire*, laissée aux Compagnies, serait la méconnaissance des *droits acquis* des agents *commissionnés*, et, en outre, elle mettrait ces agents dans l'impossibilité de réclamer contre les injustices et les abus commis à l'abri de la réglementation à laquelle ils sont soumis (2).

Que cette réglementation sévère soit une nécessité résultant des exigences de la sécurité publique, il n'en faut pas

(1) Art. 63 des règlements : « Les mécaniciens restent soumis à l'action de la Justice pour les accidents résultant de leur imprévoyance ou de leur négligence. Les peines qu'ils pourront encourir, pour l'une ou l'autre cause, *ne se confondront pas avec celles infligées par la Compagnie* ».

(2) La jurisprudence actuelle accorde cependant cette regrettable faculté aux Compagnies de chemins de fer.

moins que les agents des Compagnies puissent avoir raison des injustices dont ils pourraient être victimes.

« Il ne faut pas, comme le disait fort bien, en 1872, le » rapporteur de la 10ᵉ commission d'initiative (1), que l'em- » ployé soit victime de la Compagnie, il ne faut pas que cette » grande puissance lui rive des chaînes trop lourdes. S'il est » opprimé, il faut qu'il puisse obtenir justice. »

Comment obtiendra-t-il justice ?

Sera-ce en s'adressant, par voie de pétition, au Directeur de la Compagnie ou au Ministre des Travaux publics, éditeur responsable des règlements édictés par les Compagnies de chemins de fer ? (2)

Sera-ce en recourant aux tribunaux ?

II. — Le Pétitionnement.

Les comités de direction, ombrageux comme tous les pouvoirs absolus, n'ont jamais toléré, quelque légitimes qu'elles pussent être, les réclamations collectives de leurs agents.

Ceux-ci ne l'ignorent pas, et, il y a déjà bien des années, qu'un directeur voulant empêcher des mécaniciens de signer une pétition, leur faisait savoir qu'il destituerait *les premiers* signataires.

Les pétitionnaires imaginèrent alors de disposer leurs signatures en cercle au bas de la pétition, en sorte qu'il n'y eût *ni premier ni dernier*. Le directeur ne put sévir, il se contenta de mettre la pétition au panier.

(1) Cette commission était chargée de l'examen de la proposition de MM. de Janzé, Jules Brame, Raoul Duval, Tirard, Houssard et Guinot, relative à la création à Paris d'une 5ᵐᵉ section de Prud'hommes, pour juger les différends s'élevant entre les comités de direction et les ouvriers des chemins de fer.

(2) Les Compagnies devront soumettre à l'approbation du Ministre des Travaux publics leurs règlements relatifs au service et à l'exploitation des chemins de fer. (Art. 60 de l'ordonnance royale de 1846.)

En 1866, les employés d'Orléans signaient une pétition à leur Directeur. Cette pétition fut tenue pour non avenue, malgré sa justesse et l'humilité profonde des termes dans lesquels elle était conçue. Et, quelques mois après, le 23 janvier 1867, voici ce qu'écrivait un rédacteur de *l'Événement,* M. Maillard :

« Depuis quelque temps, les révocations se succèdent d'une » façon singulière ! Et qui sont, je parle du plus grand nombre, » ces employés qu'on jette dehors ? Ce sont ceux *qui ont signé* » *la fameuse pétition* de l'an passé ! Ces malheureux, pour avoir » osé se plaindre et élever la voix pour exposer les douleurs » de leur situation, semblent être devenus les lépreux et les » maudits de l'administration.....

» Ainsi, voilà des hommes, des maris, des pères de famille » sur le pavé, sans ressources. Je ne parle pas d'économies, » avec quels appointements les auraient-ils faites ? Que vont-ils » devenir, et comment dormiront demain leurs petits enfants ? » Où aller ? que faire ? *Dans les autres Compagnies,* n'est-ce pas, » exercer le métier qu'ils ont appris. Dieu merci, il n'est pas » qu'une Compagnie en France, et un employé peut espérer » que, sortant du Nord, il entrera au Midi, ou à l'Est, ou à » l'Ouest, pourvu qu'il sache son état, et qu'il puisse rendre » des services !

» Eh bien, non ! *On dirait qu'une ligne tacite s'est formée.* » Les Compagnies se sont entendues, elles se sont signalé les » *meneurs,* — des *meneurs,* pauvres gens ! — et, *il est admis en* » *principe qu'un employé révoqué d'une administration n'entrera* » *pas dans une autre !*

» Que voulez-vous qu'il fasse cet homme, alors ? *qu'il* » *mendie ou qu'il meure.* »

M. Georges Duchêne, dans son intéressant travail, *l'Empire industriel,* nous apprend comment cette ligne, *tacitement formée,* arrivait à appliquer ses arrêts clandestins :

« A l'employé, à l'ouvrier destitué dont on signait le livret ou le certificat, on apposait le cachet de la Compagnie. Si l'exergue du timbre se lisait dans le même sens que l'écriture, cela voulait dire : essayez-en ! Si l'écriture et l'exergue se lisaient en sens opposé, c'était l'arrêt de proscription sans appel. Entre ces deux extrêmes, il y avait toute une rose des vents de la colère et des rancunes de l'administration. »

Aujourd'hui, les Compagnies ne se croient plus obligées de recourir à ces habiletés de procédure, témoignant encore d'un reste de respect pour la loi protectrice de la liberté du travail.

Elles ne tournent plus la loi, elles la violent ouvertement.

En voici la preuve :

80 mécaniciens sont révoqués en 1871 pour avoir pris part à l'organisation d'une réclamation collective et d'une société de secours non autorisée. A chacun d'entre eux qui vient demander de l'emploi à une Compagnie autre que celle par laquelle il a été révoqué, on répond, *par écrit*, *officiellement* :

« Je regrette de ne pouvoir donner suite à la demande d'emploi que vous nous avez adressée, mais *nous nous sommes imposés la règle de ne reprendre à aucun titre, dans notre personnel, les agents révoqués par les autres Compagnies*, pour leur participation à *l'agitation pétitionnaire* ou à l'organisation de la société de prévoyance. »

Le 24 avril 1875, M. Tirard dénonçait à la tribune cet engagement *délictueux* pris par les Compagnies vis-à-vis les unes des autres, et M. Clapier s'écriait avec raison :

« Il faut traduire ces Compagnies devant les tribunaux, car » *c'est une* atteinte à la liberté du travail ! »

Pour que cette mise hors la loi des employés des chemins de fer pût être un jour proclamée juste et légitime par le représentant du Gouvernement, sans l'assentiment duquel les grandes Compagnies ne peuvent rien faire, que fallait-il ?

Qu'un ingénieur d'une des grandes Compagnies se trouvât porté, par le hasard des événements politiques, au ministère, où son supérieur hiérarchique, M. de Franqueville, gouverne sans régner depuis tant d'années !

Aussi, le 24 mai dernier, M. Caillaux ne craignait-il point de dire :

« Il est en effet exact qu'un agent révoqué par une Com-
» pagnie *ne trouve pas de place au service d'une autre*. Il en est
» de même, je crois, dans nos administrations et dans nos mi-
» nistères. Lorsqu'un agent est renvoyé d'une de nos adminis-
» trations, je doute qu'il trouve aisément à se placer dans une
» autre. (Mouvements divers). Il n'y a pas de convention à
» cet égard, mais cela me paraît *absolument naturel*. (Assentiment
» à droite).

» M. Langlois. — Mais là, c'est l'Etat.

» M. le Ministre. — Sans doute, c'est l'Etat, et *je ne vois*
» *pas la différence que vous voulez établir*. »

La différence entre l'Etat, si respectueux des *droits acquis* des fonctionnaires, et les Compagnies de chemins de fer, si peu soucieuses de ceux de leurs agents, la différence capitale que M. Caillaux *ne voit pas* est celle-ci : ce qui est licite pour l'Etat est *un délit* pour des sociétés *privées* comme les Compagnies de chemins de fer.

En effet, toute Compagnie qui s'engage tacitement ou explicitement avec les autres Compagnies, à ne reprendre aucun des ouvriers ou employés congédiés par elles, commet une infraction à l'art. 417 du code pénal, ainsi rectifié par la loi du 25 mai 1864 :

« Seront punis d'un emprisonnement de six jours à trois
» mois et d'une amende de 16 francs à 200 francs, ou de
» l'une des deux peines seulement, les ouvriers, patrons ou
» entrepreneurs qui, à l'aide d'amendes, *proscriptions, inter-*
» *dictions prononcées par suite d'un plan concerté*, auront porté
» atteinte au libre exercice de l'industrie et du travail. »

A défaut de M. le Ministre des Travaux publics, son collègue, M. le Garde des Sceaux, rappellera, nous l'espérons, les Compagnies de chemins de fer au respect de la loi. Quoi qu'il en soit, il est incontestable que les agents des chemins de fer ne peuvent songer à réclamer, par voie de pétition, le redressement de leurs légitimes griefs, du moins tant que durera le règne d'un ministre assez dévoué aux grandes

Compagnies pour trouver *absolument naturel* que ces Compagnies *violent ouvertement la loi.*

Pour avoir raison des injustices et des abus dont ils peuvent avoir à souffrir, il ne reste donc à ces agents que le recours aux tribunaux.

III. — Le Recours aux Tribunaux.

En 1872, sur la foi de M. Bastid, rapporteur de la 10e commission d'initiative, l'Assemblée nationale a cru, à tort, que la législation existante suffisait pour protéger les intérêts et les droits de la nombreuse population ouvrière employée par les Compagnies de chemins de fer.

A la séance du 24 avril 1872, M. Bastid disait :

« Serait-il vrai que les règlements des Compagnies seraient » tellement arbitraires, tellement tyranniques, qu'ils excluent » toute réciprocité d'obligations, enchaînent les subordonnés » et laissent une liberté complète à celui qui gouverne ?... » Ces règlements imposent des obligations respectives, et les » tribunaux ont à apprécier *quel est celui des contractants qui* » *viole la loi du contrat.*

» C'est ainsi que dans le débat auquel il est fait allusion, » la juridiction consulaire a recherché si l'employé Hulot » (révoqué après 22 ans de services, pour avoir pris part *à* » *l'agitation pétitionnaire*), avait, oui ou non, manqué à ses » devoirs.

» Le tribunal a reconnu, en fait, que la Compagnie *avait eu* » *tort* de le renvoyer, et, voyant dans cette révocation *une* » *violation du règlement*, il l'a condamnée à lui payer une » somme de 5,000 fr. à titre de dommages et intérêts.

» Ainsi, comme vous le voyez, *la justice ne ferme pas la* » *bouche à celui qui se plaint.* »

De divers côtés. — « Très-bien! *c'est entendu*, aux voix! »

Dans son rapport, M. Bastid avait dit déjà :

« Les mécaniciens parlent du renvoi de 80 mécaniciens

» sans autres motifs, suivant eux, que l'accusation, contre » laquelle ils protestent, de s'être mêlés à des agissements » tendant à désorganiser ce service de la traction. On leur » répond, il est vrai, que si ce renvoi est justifié par un man- » quement aux devoirs du service, ils ne sauraient se plaindre; » que, *s'il n'est pas justifié, la justice ne sommeille pas et qu'ils* » *peuvent y recourir.* »

Enfin, il invoquait à l'appui de sa thèse les jugements obtenus par Hulot devant le Conseil des Prud'hommes d'abord, puis devant le Tribunal de Commerce, le 24 février 1872; ce dernier était ainsi conçu :

« Attendu qu'aux termes du règlement établi par la Compagnie défenderesse et imposé par elle à tous les conducteurs-mécaniciens, il a été spécifié, par les art. 4 et 61, certains cas qui donnent lieu à une révocation. Que la Compagnie *a donc ainsi pris implicitement l'engagement de n'user de cette rigueur, en dehors des articles susvisés, que dans des conditions exceptionnelles;*

Attendu qu'il est constant que Hulot, pendant les 22 années qu'il est resté au service de la Compagnie, n'a jamais donné lieu à l'application de la clause pénale édictée par les art. 4 et 61 du règlement;

Qu'il n'est pas démontré, ainsi que le prétend la Compagnie, que le demandeur, en patronant une pétition qui devait être adressée à M. le Ministre du Commerce et en contribuant à la formation d'une société, ait eu l'intention de désorganiser le service du chemin de fer de l'Est; *que, dès lors, c'est à tort que la Compagnie a prononcée la révocation de Hulot;*

Attendu que, en agissant ainsi, la Compagnie a causé au demandeur *un préjudice,* en le privant, par le fait de la révocation, de ses droits à la caisse de retraite;

Qu'il lui est donc dû *une réparation* que le tribunal, d'après les éléments d'appréciation qu'il possède, fixe à 5,000 francs;

Condamne la Compagnie à payer à Hulot 5,000 francs *à titre de dommages-intérêts,* la condamne en outre à tous les *dépens.* »

M. Bastid, en invoquant ce jugement comme une preuve que *la justice ne ferme point la bouche à celui qui se plaint*, oubliait que les Compagnies de chemins de fer ont l'habitude d'épuiser tous les degrés de juridiction, de manière à fatiguer ceux qui se hasardent à plaider contre elles.

La Compagnie de l'Est a appelé du jugement du Tribunal de Commerce de la Seine accordant une indemnité au mécanicien Hulot, et ce jugement a été cassé par la Cour d'Appel de Paris.

Non-seulement Hulot *n'a pas touché un sou d'indemnité*, mais encore il a perdu le montant des retenues opérées *pendant 22 ans* sur son salaire en vue d'une pension de retraite. Enfin, poursuivi pour le paiement des frais judiciaires, s'élevant à 695 francs, il était à la veille *d'être saisi,* quand une cotisation de ses anciens collègues lui a épargné cette dernière épreuve. Et, grâce à la jurisprudence établie par la Cour de Cassation depuis trois ans, tous les mécaniciens, tous les agents *commissionnés* des Compagnies peuvent avoir cette douloureuse conviction qu'ils seront traités comme Hulot l'a été. *Quelque peu justifiée, quelque injuste même* qu'ait été leur révocation, ils n'auront droit ni à une indemnité, ni à la restitution des retenues qu'ils ont subies. Les tribunaux, impuissants à les protéger contre les injustices, ne peuvent pas non plus sauvegarder leurs *droits acquis.*

IV. — La Jurisprudence.

La Cour suprême a posé en principe, par un assez grand nombre d'arrêts :

1° Que le contrat intervenu entre les Compagnies de chemins de fer et leurs agents *commissionnés*, n'était rien autre chose *qu'un contrat de louage de services sans durée déterminée, pouvant toujours cesser par la volonté de l'un ou de l'autre des contractants ;* que, en conséquence, c'est violer l'art. 1382 du code civil que d'accorder *une indemnité* à l'employé congédié *sans motifs sérieux de révocation ;*

2° Que, lorsque le règlement d'une Compagnie dispose que les retenues opérées sur le salaire des agents *sont acquises à la caisse des retraites du jour où elles ont été opérées* (1), c'est une disposition *librement acceptée* (2) par les agents révoqués; que, en conséquence, c'est violer l'art. 1134 du code civil que d'ordonner la restitution du montant de ces retenues à l'agent révoqué *sans motifs sérieux.*

Voici quelques extraits des arrêts qui ont établi cette jurisprudence :

En ce qui concerne l'Indemnité.

Arrêt infirmatif, 5 février 1872.

« Attendu que le jugement attaqué a condamné la Compagnie à payer une indemnité à l'employé X..., *se fondant uniquement sur ce qu'il ne peut être facultatif à une Compagnie de renvoyer ses employés sans indemnité et sans motifs sérieux.* »

Arrêt infirmatif, 5 août 1872.

« Attendu que le jugement attaqué a condamné la Compagnie à payer à l'employé G... une indemnité à raison de son renvoi, en se fondant uniquement sur ce que les motifs invoqués par la Compagnie, pour congédier cet employé, *n'avaient point une gravité suffisante.* »

Arrêt infirmatif, 28 avril .·74.

« Attendu que le jugement attaqué a condamné la Compagnie à payer à M... une somme de 300 francs à titre de dommages-intérêts, *par l'unique motif qu'elle l'aurait congédié sans une cause sérieuse.* »

(1) Voir annexe F.

(2) Voir annexe G.

Voici maintenant deux autres arrêts conformes, relatifs à deux révocations prononcées, non-seulement *sans motifs légitimes*, mais encore *injustement :*

1° Un chef de train avait été révoqué comme ayant pratiqué un faux fond dans un fourgon pour faire la contrebande du tabac.

Le Tribunal de Commerce de Chambéry lui avait accordé une indemnité :

« Attendu qu'il n'est pas présumable que J... ait eu con- » naissance de ce faux fond, et *qu'il est impossible de lui en » attribuer la confection ;*

» Attendu qu'il suit de ce qui précède que la révocation de » J... *a été prononcée sans motifs légitimes.* »

La Cour suprême casse ce jugement par un arrêt en date du 15 juillet 1872 :

« Attendu que le jugement dénoncé *se fonde uniquement sur » ce que la révocation de J... a été prononcée sans motifs légitimes.* »

2° Remlinger, mécanicien blessé par suite d'une collision de trains, est frappé d'une amende par la Compagnie.

« Poursuivi correctionnellement ou menacé de poursuites, » disait l'arrêt de la Cour de Besançon, il ne pouvait souscrire » aux exigences de la Compagnie, alors que sa soumission eût » été interprétée comme l'aveu d'une faute. »

C'est donc à bon droit qu'il refuse d'accepter cette punition, et, à raison de ce refus, il est révoqué par la Compagnie. Les débats judiciaires constatent *qu'aucune faute ne lui est imputable ; il est acquitté par le tribunal,* mais il reste révoqué par la Compagnie. Il réclame une indemnité que lui accordent, d'abord le Tribunal de Lons-le-Saulnier, puis la Cour de Besançon :

« Considérant que, quels que soient les termes de l'enga- » gement que la Compagnie impose à ceux qu'elle admet à » son service, cet engagement ne saurait être l'abdication de » leurs droits ; que l'exercice du pouvoir, même le plus » étendu, *doit se concilier avec l'équité ;* qu'une réparation est » due à Remlinger, *congédié brusquement* et *en l'absence de motifs » sérieux.* »

La Cour de Cassation brise cet arrêt le 5 août 1873.

En ce qui concerne la restitution des Retenues.

—

AFFAIRE REMLINGER.

1° Jugement du Tribunal de Lons-le-Saulnier, 18 août 1871 :

« Attendu que, d'après le règlement, la Compagnie *reconnaissant tout ce qu'il y a d'exorbitant dans la conservation à son profit des sommes retenues à des employés sur le salaire de ceux-ci*, y a introduit la possibilité du remboursement desdites retenues, mais seulement dans certains cas dont elle se réserve l'appréciation ;

Attendu pourtant que l'on ne saurait admettre que les fonds *d'une provenance pareille* puissent jamais être une cause *de spéculation et de bénéfice* de la part d'une Compagnie quelconque, mais seulement un motif de prévoyance dans l'intérêt même des agents d'une grande Société ;

Que si, à la vérité, les statuts indiquent un droit à la Compagnie de disposer à son gré de la restitution des sommes perçues pour la retraite, *il n'en appartient pas moins au tribunal d'en apprécier les cas ;*

Attendu que, dans les débats qui nous occupent, aucun reproche grave ne paraît avoir été articulé contre Remlinger ; que, dès lors, il paraît équitable que, remerciant cet agent avant sa retraite, il lui soit remboursé au moins le capital qu'il lui a laissé à cet effet... » (1)

2° Arrêt de la Cour de Besançon, 2 mars 1872 : « Considérant que les mêmes raisons *de justice* qui autorisent une demande

(1) Le 16 octobre 1871, le Conseil des Prud'hommes de Paris avait rendu un jugement analogue :

« Attendu que les termes de l'art. 15 du règlement de la caisse des retraites sont une convention *léonine* qui constituerait la Compagnie *juge et partie dans sa propre cause ;*

Que les sommes versées par les ouvriers mécaniciens ne peuvent être perdues définitivement qu'à la condition que les faits qui ont motivé l'expulsion desdits ouvriers soient *d'une gravité proportionnelle à la pénalité par eux encourue ;*

« Que, dans tous les cas, *cette appréciation doit être soumise à la juridiction compétente* et que les caractères *de gravité* ne se rencontrent pas dans l'espèce. »

d'indemnité, autorisent la répétition des sommes versées pour la retraite; que ces versements *faisaient partie d'un salaire légitimement acquis ;* qu'ils ne peuvent être retenus au préjudice de l'employé *arbitrairement rayé des cadres,* et perdant, *par le fait de la Compagnie,* son droit éventuel à une pension... »

La Cour d'Appel confirme le jugement du Tribunal de Lons-le-Saulnier.

3° *Arrêt infirmatif de la Cour de cassation,* 5 août 1873 :

« Attendu qu'il n'est pas contesté que le règlement de la caisse des retraites, qui faisait la loi des parties, dispose dans son article 15 que les retenues *sont acquises à la caisse du jour où elles ont été opérées* et qu'elles ne sont sujettes à aucune répétition, soit de la part de l'employé, soit de la part de ses héritiers, la Compagnie se réservant l'appréciation exclusive des cas exceptionnels où elle pourra rembourser tout ou partie de ces retenues ;

» Attendu que, pour condamner la Compagnie à restituer à Remlinger le montant desdites retenues, l'arrêt attaqué s'est fondé, non sur ce que la convention serait illégale ou nulle, ou devrait être interprétée dans un sens restrictif, *mais uniquement sur des considérations de prétendue équité* qui ne sauraient prévaloir contre une convention légalement formée,

» Casse et annulle. »

Arrêts conformes en date des 5 février 1872, 5 août 1872, 18 décembre 1872, 28 avril 1874.

L'arrêt du 18 décembre 1872 mérite d'être relevé :

Un employé avait été révoqué *comme voleur;* il saisit le Tribunal de Commerce de Verdun, qui ordonne qu'on lui restitue les cotisations versées par lui à la caisse des retraites.

« Attendu qu'il résulte des documents produits que la » Compagnie des chemins de fer de l'Est a révoqué L... de » ses fonctions *pour détournement ; qu'il résulte de l'enquête et des* » *débats que L... ne s'était nullement rendu coupable du fait* » *allégué.* »

La Cour de Cassation brise ce jugement.

« Attendu que l'art. 11 du règlement de la caisse des retraites de la Compagnie demanderesse porte : « que les » employés *révoqués* n'auront aucun droit à la restitution des » cotisations par eux versées à ladite caisse (1); que cette » disposition est claire, formelle, absolue ; *qu'elle ne comporte* » *aucune distinction entre les causes qui ont pu motiver la révocation* » *de l'agent.* »

Après cet arrêt, il faut tirer l'échelle.

Cet agent révoqué *comme voleur* prouve judiciairement qu'il ne s'était nullement rendu coupable du fait allégué contre lui. Pour toute *indemnité* du préjudice porté à ses intérêts et à son honneur, il demande la restitution des retenues opérées sur son salaire. Il est débouté de sa demande, attendu que le règlement autorise la Compagnie à s'approprier les versements opérés par les agents et que cette disposition *ne comporte aucune distinction* entre les causes qui ont pu motiver les révocations. Non-seulement cet agent ne trouvera d'emploi auprès d'aucune autre Compagnie de chemins de fer, par suite de l'entente *illégale* existant entre toutes ces Compagnies, mais encore, *noté d'infamie*, il ne trouvera de travail nulle part. Il faudra *qu'il mendie ou qu'il meure !*

Et si quelque tribunal, en pareille circonstance, s'avisait désormais de condamner une Compagnie à restituer au moins, à l'agent révoqué, les sommes retenues, comme faisant partie d'un salaire légitimement acquis, son jugement serait impitoyablement brisé par la Cour de Cassation : « Attendu que » des considérations de *prétendue équité* ne sauraient prévaloir » contre une convention légalement formée. » (2)

(1) Cette clause est *parfaitement légitime, — on ne voit pas en quoi elle serait critiquable !* — lit-on dans une note de l'administration des travaux publics, transmise par M. Caillaux à la 30e commission d'initiative, le 23 janvier 1875.

(2) Arrêt du 5 août 1873.

V. — Nécessité d'une Loi.

En vertu de la jurisprudence établie par la Cour de Cassation, tout agent *commissionné*, approchant du moment où son âge et son temps de service lui donneraient droit à une pension, pourra être *révoqué*, soit, par pur caprice, soit, parce qu'on aura formulé contre lui une accusation sans fondement (1), soit même par cela seul qu'il aura accompli un devoir (2).

Révoqué ainsi, il n'aura droit à aucune *indemnité* pour la perte imméritée de *ses droits acquis !* Et la Compagnie qui aura, peut-être par spéculation, rompu cet engagement bilatéral (consistant pour elle à payer la pension, pour l'agent à subir la retenue) (3), la Compagnie s'appropriera la part de salaires qu'elle a retenue en lui présentant *le leurre* (4) d'une retraite ! Quand de pareilles énormités peuvent se produire à l'abri de la législation existante, la justice et l'équité commandent impérieusement aux législateurs d'apporter sans retard des modifications à la loi.

Une raison plus décisive encore, s'il est possible, d'enlever aux Compagnies la faculté du renvoi *arbitraire*, c'est la nécessité de donner à la nombreuse population ouvrière au service des Compagnies de chemins de fer, une garantie contre les injus-

(1) Voir aux arrêts ci-dessus cités :

B..., frappé d'une amende pour une *faute* dont la justice le reconnaît innocent et révoqué pour n'avoir pas accepté cette punition.

J..., révoqué sous l'inculpation *fausse* d'avoir fait de la contrebande.

L...; révoqué sous l'inculpation *fausse* d'avoir commis *un détournement.*

(2) Réquisitoire de l'avocat-général — (affaire de La Fouillouse).

« Honte pour l'opulence de cette Compagnie ! scandale public donné » par elle ! par elle, qui est d'autant plus coupable qu'elle semble avoir » voulu se jouer de la justice et jeter un blâme sur son action répressive, » car *elle a frappé de destitution plusieurs de ses propres employés, témoins à* » *charge, qui n'avaient pourtant fait qu'obéir à leur conscience, en rendant hom-* » *mage à la vérité des faits.* »

(3) Arrêt de la cour de Nîmes, décembre 1872.

(4) Voir annexe H.

tices ou les erreurs dont elle peut avoir à souffrir par suite de l'application de la règlementation à laquelle elle est soumise.

Devant les Tribunaux, nul ne peut être frappé d'une amende de *un franc* sans avoir eu la faculté de se défendre librement, et sans la double garantie de la publicité des débats et de l'impartialité du magistrat.

Dans le service des chemins de fer, au contraire, un agent quelconque, *sans avoir été entendu*, peut être condamné à des amendes, parfois fort élevées, par un supérieur prononçant *à huis clos;* il peut même être suspendu, descendu de classe ou révoqué (1) par ces procédés de justice à la turque.

La Compagnie se fait *indemniser* par le chef de gare ou le chef de train qui ont été victimes de quelque soustraction, par le mécanicien qui a causé par sa faute quelque avarie, par l'employé qui, se perdant dans le dédale des tarifs, a commis quelque erreur *en moins* dans la perception des taxes (2).

Cette réparation ne lui suffit pas, elle inflige en outre au *coupable* des amendes souvent excessives (3). Un seul exemple à l'appui, donné par M. Borde, ingénieur et conseiller général des Bouches-du-Rhône :

Un employé comptable ayant omis de faire suivre, comme débours, une somme de 15 francs, il lui fut infligé 2 fr. d'amende par son chef direct, 5 fr. par l'agent général et 200 fr. par le directeur-général. Il dut, en conséquence, jusqu'au parfait paiement du remboursement et de l'amende, supporter chaque mois, sur les 116 fr. montant de son salaire mensuel, une retenue de 50 fr.

Et cet employé, non-seulement ne pouvait s'adresser à la juridiction compétente pour faire réduire le chiffre *exorbitant*

(1) M. Bastid a comparé le personnel des chemins de fer à l'armée. Que diraient nos officiers si, par une simple décision de leur supérieur, non susceptible d'appel, ils pouvaient redevenir brusquement, de capitaines, lieutenants, de lieutenants, sous-lieutenants; s'ils pouvaient même être rayés des cadres sans plus de formalités.

(2) Voir annexe I.

(3) Voir annexe J.

de l'amende à lui infligée, mais encore il lui était interdit d'en appeler de Philippe ivre à Philippe à jeun.

En effet, nous avons vu comment les Compagnies accueillent les réclamations, *même collectives*, et l'exemple du mécanicien Remlinger, révoqué parce qu'il n'avait pas accepté une punition déclarée *imméritée* par la justice, montre quel est le sort réservé à tout agent qui n'accepte pas comme juste la plus criante injustice.

Les condamnations prononcées, dans le silence du cabinet, par un agent supérieur, en vertu du code pénal des chemins de fer, sont des condamnations *sans appel*. Innocent ou coupable l'agent est obligé de les subir sans même protester, car elles sont édictées *sous peine de mort*, c'est-à-dire *sous peine de révocation*.

Et combien de démissions n'ont pas d'autre cause qu'une punition excessive ou absolument imméritée ? (1)

Une telle situation est intolérable pour la nombreuse population d'employés et d'ouvriers attachée au service des Compagnies de chemins de fer.

Pour que tout agent des chemins de fer puisse, s'il est opprimé, obtenir justice, il faut que le législateur intervienne et que, contrairement à la jurisprudence actuelle, un texte de loi retire aux comités de direction la faculté de révoquer *sans motifs sérieux* les agents *commissionnés*.

C'est ce qu'ont compris M. Cazot et plusieurs autres de nos collègues, quand ils ont déposé la proposition de loi que la 30e commission d'initiative demande à l'Assemblée de prendre en considération.

(1) Les documents fournis par la Compagnie de l'Ouest spécifient qu'un certain nombre de démissions ont été données, soit *pour éviter la révocation*, soit *pour ne pas subir une punition*. Et sur les 88 démissions de mécaniciens à P.-L.-M., combien ont dû avoir une cause de ce genre ?

VI. — Proposition Cazot.

Cette proposition a un double but :

Le premier est de retirer aux comités de direction, en ce qui concerne les chauffeurs et mécaniciens, *agents commissionnés*, la faculté du renvoi *arbitraire ;*

Le second est d'assurer à ces ouvriers le bénéfice de la juridiction rapide et économique des Prud'hommes.

La première partie de cette proposition, la seule dont nous ayons à nous occuper en ce moment, est ainsi conçue :

Art. 1er.

A partir de la promulgation de la présente loi, les mécaniciens et chauffeurs, au service des Compagnies de chemins de fer, ne pourront être congédiés par elles qu'en vertu d'une cause déterminée.

Art 2.

Dans les trois mois à partir de ladite promulgation, les causes de congé seront déterminées par un règlement d'administration publique, les parties intéressées entendues.

La note de l'administration des Travaux publics, transmise par M. Caillaux à la 30e commission d'initiative, apprécie, ainsi qu'il suit, cette proposition :

« Il suffit, ce me semble, d'énoncer une pareille disposition » pour en faire connaître *l'inacceptabilité*. Ainsi que je l'ai dit, » ainsi que tout le monde le comprend, la responsabilité des » Compagnies est et doit être engagée d'une manière absolue » dans tout ce qui touche à la sécurité de la circulation des » chemins de fer. Cette responsabilité *n'existerait plus*, évi- » demment, du jour où les Compagnies seraient obligées *de* » *garder* les agents, et surtout des mécaniciens qui ne leur » inspiraient pas confiance. »

Je suis étonné que M. de Franqueville, dans son désir

de faire croire à l'*inacceptabilité* de la proposition Cazot, ait prêté à un jurisconsulte distingué une semblable énormité légale.

M. de Franqueville n'ignore pas que toute infraction à une interdiction de faire se résout en une condamnation à des dommages et intérêts.

Une Compagnie révoquera un mécanicien, soit par pur caprice, soit en lui faisant à tort application d'un motif grave de révocation spécifié dans un règlement d'administration publique, ou, tout au moins, de nature à être apprécié par les juges.

Que fera le tribunal saisi ? Il ne songera pas à condamner la Compagnie à *garder* l'agent qu'elle aura révoqué ; il la condamnera à faire ce que l'équité réclame, à payer *une indemnité* à cet agent congédié *sans motifs appréciables par les juges.*

La loi Cazot votée, les tribunaux statueront, comme le faisait le Tribunal de Commerce de la Seine, en 1872, dans l'affaire Hulot. Reconnaissant que ce mécanicien avait été révoqué sans qu'il fût dans un des cas spécifiés par le règlement de la Compagnie comme donnant lieu à une révocation, sans même qu'il fût dans une de ces conditions exceptionnelles pouvant entraîner un renvoi en dehors des cas déterminés par ce règlement, le tribunal condamnait la Compagnie à payer une indemnité à ce mécanicien, « attendu que, en prononçant à tort sa révocation, elle lui avait causé *un préjudice,* en le privant, par le fait de cette révocation, de ses droits à la retraite. »

La solution n'est-elle pas conforme à l'équité ?

La responsabilité des Compagnies sera-t-elle diminuée, si peu que ce soit, en matière de sécurité publique, parce que ces Compagnies, lorsqu'elles rompront *sans motifs sérieux* l'engagement qu'elles ont pris de payer pension à un agent, seront obligées d'indemniser celui-ci du préjudice qu'elles lui auront causé.

On le voit, l'objection formulée par M. de Franqueville contre la proposition de M. Cazot *est absolument sans valeur.*

M. le Directeur général des chemins de fer avait sans doute conscience de l'*inanité* de cet argument, car il le faisait suivre de cette *inexacte* affirmation (1), de nature à faire taire les scrupules de ceux qui auraient hésité à repousser la proposition sans être convaincus de son *inacceptabilité* :

« Les intérêts des agents ne sont pas d'ailleurs compromis, » attendu que, *si les motifs de leur révocation ne sont pas fondés*, » la justice ne manquera pas, comme elle l'a fait dans des cas » analogues, de leur accorder *des* indemnités proportionnelles » au tort qu'ils ont pu éprouver. »

Quelques membres de la commission ont cru qu'il était bien difficile, sinon impossible, de déterminer par un règlement d'administration publique les causes *légitimes* de révocation. Cependant, les six grandes Compagnies de chemins de fer avaient soumis à la commission un document qui me semble de nature à établir au contraire la possibilité de formuler ces dispositions règlementaires. Ce document, c'est la liste des 893 révocations de mécaniciens ou de chauffeurs prononcées de 1865 à 1875 par les Compagnies, avec *les motifs* invoqués pour justifier chacune de ces révocations.

Voici les principaux de ces motifs :

« Inexactitude répétée, mauvais service, incapacité, refus ou abandon de service, insubordination, insultes envers les chefs, refus d'accepter une punition. Ivresse en service, intempérance, inconduite, vols, actes d'improbité. — Infractions graves aux règlements intéressant la sécurité publique. »

On le voit, rien ne serait plus facile que d'énumérer, dans un règlement d'administration publique, les cas généraux qui peuvent entraîner la révocation des agents dans les divers services. Cependant, sans compromettre les intérêts des agents, et pour donner satisfaction à ceux qui ne veulent toucher à la législation existante que dans la mesure du strict

(1) La note est du 23 janvier 1875, c'est-à-dire qu'elle est bien postérieure aux arrêts de la Cour de Cassation établissant une jurisprudence contraire.

nécessaire, on pourrait laisser les tribunaux seuls juges de la légitimité des motifs invoqués à l'appui des révocations.

En outre, comme je l'ai établi plus haut, la garantie réclamée par M. Cazot pour les chauffeurs et mécaniciens, devrait être accordée à tous les agents *commissionnés* des chemins de fer, à tous ceux avec qui les Compagnies ont contracté dans des conditions attestant l'intention d'une longue durée.

Si donc la proposition de M. Cazot était prise en considération par l'Assemblée, comme elle l'a été déjà par la 30e commission d'initiative, je proposerais, par voie d'amendement, de modifier ainsi qu'il suit la première partie de cette proposition :

Art. 1er.

A partir de la promulgation de la présente loi, les agents *commissionnés*, au service des Compagnies de chemins de fer, ne pourront être congédiés *sans indemnité*, qu'en vertu de *motifs sérieux*, appréciables par les juges compétents.

Art. 2.

Nonobstant toute disposition contraire du règlement, les sommes retenues aux agents *commissionnés*, en vue d'une pension de retraite, seront restituées à ces agents ou à leurs héritiers en cas de démission, de révocation ou de décès.

VII. — La Juridiction des Prud'hommes.

Lorsque la loi aura retiré aux Compagnies la faculté de congédier, sans motifs sérieux et sans indemnité, leurs agents *commissionnés*, le nombreux personnel employé par ces Compagnies aura une garantie suffisante, et pour la conservation des *droits acquis* et contre l'application abusive du code pénal règlementaire auquel il est soumis. Cette première question résolue, tout ce personnel ne s'en trouvera pas moins dans une incontestable situation d'infériorité vis-à-vis des comités de direction, quand il faudra obtenir des tribunaux la solution des différends soulevés par suite de l'application des règlements.

En effet, les agents seront souvent arrêtés par les frais considérables qu'entraîne une instance judiciaire avant qu'elle aboutisse à donner satisfaction à la réclamation la plus légitime.

Tout au contraire, les Compagnies ont des comités de contentieux bien organisés, elles ne sont point arrêtées par les frais d'un procès qui vont se noyer dans l'immensité du compte des frais généraux; elles épuisent donc presque toujours tous les degrés de juridiction et fatiguent ainsi, en les ruinant, tous ceux qui s'avisent de plaider contre elles (1).

Je ne méconnais nullement cette regrettable vérité, et je comprends que les mécaniciens aient demandé que la solution des différends, entre les comités de direction et les agents des Compagnies, fussent jugés par un tribunal arbitral.

Pour réaliser l'idée mise ainsi en avant, on pourrait, dans chaque Compagnie, instituer une sorte de conseil *arbitral*, composé d'employés de tous grades et appartenant aux divers services.

Ce conseil apprécierait le bien ou mal fondé des punitions infligées par un supérieur jugeant à huit clos, souvent sans avoir entendu l'inculpé, et je suis convaincu que les décisions de ce conseil arbitral seraient toujours quelles qu'elles fussent, acceptées sans protestation par les agents.

L'heure n'est peut-être pas encore venue de mettre à exécution cette idée de tribunal arbitral, encore mal définie, mais l'Assemblée peut, du moins, en attendant une solution applicable à tout le personnel des chemins de fer, adopter une disposition de loi qui assurera aux *ouvriers* employés par les Compagnies le bénéfice de la juridiction *ouvrière*, de la juridiction des Conseils de Prud'hommes.

J'avais présenté en 1872, avec plusieurs de mes collègues, une proposition de loi ayant pour but de déclarer compétents, pour les différends entre les comités de directions et les mécaniciens ou chauffeurs, les Conseils de Prud'hommes. Nous

(1) Voir annexe K.

avions cru pouvoir atteindre le but que nous poursuivions, en demandant qu'il fût créé à Paris, siége social de toutes les Campagnies de chemins de fer, une cinquième section de Prud'hommes, spéciale pour l'industrie des chemins de fer.

Notre proposition, ainsi formulée, fut repoussée par la 10e commission d'initiative d'abord, puis par l'Assemblée, comme ne présentant pas une solution pratique (1).

« Avec la loi proposée, disait le rapport fait par M. Bastid » au nom de la commission, on aurait un tribunal dont le » ressort serait la France entière : à Paris se déciderait le sort » d'un employé de Marseille, de Lyon, de Bordeaux, de toutes » les parties du pays. Est-ce que les distances ne fermeraient » pas au modeste employé, au modeste ouvrier, l'accès du » prétoire. »

On ne peut formuler la même objection contre la proposition faite dans le même but par M. Cazot, car cette proposition multiplie les Conseils de Prud'hommes compétents de manière à les rapprocher le plus possible des justiciables.

Elle est ainsi conçue : (2)

ART. 3.

Les contestations entre les Compagnies et les mécaniciens et chauffeurs seront jugées par la section des métaux du Conseil des Prud'hommes du dépôt auquel appartient le mécanicien ou chauffeur. Dans le cas où le Conseil de Prud'hommes compétent n'aurait pas de section des métaux, il en sera créé une par un décret rendu dans le délai de trois mois, à partir de la promulgation de la présente loi.

(1) Nous convenions que l'idée n'avait peut-être pas reçu sa forme la meilleure et je disais à l'Assemblée, le 24 avril 1872 : Ce sera à la commission spéciale qu'il conviendra d'en juger et de voir *s'il ne vaudrait pas mieux établir des Conseils de Prud'hommes dans tous les centres où se trouvent des établissements principaux de chemins de fer.*

(2) Les articles 1 et 2 sont relatifs à la suppression de la faculté de renvoi *arbitraire.*

ART. 4.

A défaut de Conseil des Prud'hommes dans un dépôt, la contestation sera portée devant le Conseil des Prud'hommes du dépôt le plus voisin.

VIII. — MOTIFS A L'APPUI.

Une considération pratique en faveur de la proposition de rendre les mécaniciens et chauffeurs justiciables des Conseils des Prud'hommes, c'est l'économie de temps et d'argent.

Ainsi, le mécanicien Hulot ayant eu affaire successivement au Conseil des Prud'hommes et au Tribunal de Commerce de la Seine, avait obtenu satisfaction devant les Prud'hommes *en trois jours* et n'avait eu d'autres frais à payer que les *trois francs*, coût du jugement.

Au contraire, devant le Tribunal de Commerce, dont la juridiction est encore plus sommaire et moins coûteuse que celle des tribunaux ordinaires, il y avait eu six remises de son affaire et ce n'avait été qu'après quatre mois et avec 220 fr. de frais, sans compter les honoraires d'avocat, qu'il avait obtenu une solution favorable.

« La série des juridictions à épuiser tient une grande place dans vos préoccupations, nous objectait M. Bastid dans son rapport, mais n'oublions pas que la juridiction des Prud'hommes n'est *qu'un premier degré*. Sous ce rapport, elle ne présente pas d'avantages, car les Prud'hommes ne jugent *en dernier ressort* que jusqu'à concurrence de 200 fr. La compétence *en dernier ressort* des Tribunaux de Commerce s'élève à 1,500 fr. Pour bien des cas, par conséquent, cet appel si redouté à une seconde juridiction est évité par la compétence de ces tribunaux. »

D'abord, avec le taux élevé du salaire des mécaniciens et chauffeurs, il n'est pas un seul cas de renvoi qui ne donne lieu à une contestation d'un chiffre supérieur à 1,500 francs.

En outre, si le Tribunal de Commerce est considéré comme juge de premier ressort, il faut porter l'appel devant la Cour et supporter les frais considérables qu'exige la procédure des tribunaux *ordinaires*. Au contraire, si le juge de premier degré était le Conseil des Prud'hommes, l'appel serait porté devant le Tribunal de Commerce. Alors, dans tous les cas, que l'on épuisât ou non tous les degrés de juridiction, les mécaniciens et chauffeurs seraient soumis à une procédure simple, sommaire et peu coûteuse.

Cette raison d'économie de temps et d'argent nous semble *décisive* pour résoudre affirmativement la question de la compétence des Prud'hommes relativement aux chauffeurs et mécaniciens, conducteurs de locomotives; et il y a nécessité d'adopter une disposition législative en ce sens, puisque la jurisprudence a tranché la question en sens contraire.

On pourrait croire, au premier abord, que la discussion ne peut porter que sur ce point : les chauffeurs ou mécaniciens sont-ils ou non des *ouvriers* dans le sens que la loi attache à ce mot?

En effet, les directeurs des Compagnies ont déclaré, devant la 10e commission d'initiative (1), qu'ils acceptaient *en principe*, pour leurs ouvriers *de métier*, la juridiction des Prud'hommes, et nous savons que, sur certains points du territoire, les ouvriers *des ateliers et chantiers* des Compagnies sont déjà, *de fait*, sinon de droit, justiciables des Prud'hommes (2).

M. Bastid généralisait les faits particuliers de ce genre, et il allait jusqu'à dire dans son rapport :

(1) Séance du 28 février 1872. A la demande d'un membre de la commission lui posant, devant les directeurs des autres Compagnies, cette question : La juridiction des Prud'hommes serait-elle acceptée par les Compagnies? M. Audibert, directeur de Paris-Méditerranée répond : pour les ouvriers *de métier*, cela ne fait pas de difficulté.

(2) Un des membres de la 30e commission d'initiative nous a déclaré que, comme président de Prud'hommes, il avait souvent eu à juger des contestations entreune des grandes Compagnies et ses ouvriers de chantiers ou d'ateliers.

« La proposition de nos honorables collègues est *sans objet* quant aux travailleurs employés dans les magasins et ateliers d'outillage, dans les ateliers destinés à la construction ou à la réparation du matériel roulant; les différends de ces travailleurs avec les Compagnies *sont jugés par les Conseils de Prud'hommes*, là où il en existe, en suivant les assimilations techniques et professionnelles. »

Enfin, il ajoutait dans son discours du 24 avril 1872 :

« Toutes les fois qu'une Compagnie de chemins de fer emploie un personnel d'*ouvriers* dans les conditions ordinaires de l'industrie; toutes les fois, par exemple, qu'à côté de la gare il y a une fabrique, un atelier d'outillage, *s'il existe un tribunal de Prud'hommes, les ouvriers employés par la Compagnie font vider leurs différends par ce tribunal.* »

Ces affirmations ne sont malheureusement pas d'une exactitude absolue.

Ainsi, à Paris, où 20,000 ouvriers travaillent dans les ateliers des Compagnies, jamais les Prud'hommes n'ont été appelés à se prononcer sur les différends soulevés entre ces ouvriers et les comités de direction (1). Or, on n'ira pas jusqu'à prétendre qu'il n'y ait jamais eu une seule contestation entre ces 20,000 ouvriers et les Compagnies qui les emploient.

Mais à Paris, lieu de leur siége social, les Compagnies s'estiment de trop hauts personnages pour se soumettre à la juridiction des Prud'hommes; et voici, par exemple, une des conclusions d'incompétence formulées par l'une d'entre elles devant la section des Métaux, le 16 octobre 1871 (2) :

« Attendu que la Compagnie n'entre dans aucune des industries prévues par les décrets des 10 juin 1809 et 3 août 1811. »

(1) Déclaration de M. Briquet, président de la section des Métaux.

(2) Cette exception d'incompétence était mise en avant par la Compagnie de Paris-Méditerranée, et c'est le directeur de cette même Compagnie qui, quelques mois plus tard, affirmait à la 10e commission d'initiative que les Compagnies *ne faisaient pas difficulté* pour se reconnaître justiciables des Prud'hommes pour leur différents avec les ouvriers *de métier*.

On peut donc opposer aux affirmations un peu hardies du rapporteur de la 10e commission d'initiative, les objections suivantes :

Le consentement des Compagnies à accepter la juridiction des Prud'hommes ne suffit pas pour rendre cette juridiction compétente.

Si parfois les Compagnies tiennent pour bonnes et valables les décisions *incompétentes* d'un Conseil de Prud'hommes, le plus souvent elles appellent de leurs jugements, et, dans ce cas, ces jugements sont *toujours cassés pour cause d'incompétence.*

Il ne saurait en être autrement, quant à présent, les Compagnies de chemins de fer n'ayant été jusqu'ici comprises dans aucun décret d'institution, et chaque section des Conseils de Prud'hommes n'étant compétente que pour les industries dont la nomenclature est annexée aux décrets d'institution.

Pour que les ouvriers employés par les Compagnies, soit *ouvriers* de chantiers et d'ateliers, soit *ouvriers* chauffeurs et mécaniciens, deviennent *légalement* justiciables des Prud'hommes, il est donc nécessaire d'édicter une disposition législative qui permette de classer l'industrie des chemins de fer dans une nomenclature d'industries justiciables d'un Conseil de Prud'hommes.

IX. — La Jurisprudence.

« Il est admis aujourd'hui que la compétence des Conseils
» dépend des décrets d'institution des industries placées sous
» leur juridiction par ces décrets. Mais une condition absolument
» indispensable et qui doit servir de règle fondamentale à
» cette compétence, c'est que tout justiciable des Conseils
» doit être industriel, chef d'atelier, contre-maître ou ouvrier ;
» et nous entendons ici par industriel, ceux qui exercent une
» industrie, et par industriels soumis à la juridiction des Con-
» seils, ceux qui exercent une industrie comprise par décret

» dans cette juridiction, et travaillant ou faisant travailler pour » autrui. » (1)

Pour résoudre la question posée par la proposition Cazot, il n'y a donc qu'à examiner si une Compagnie de chemins de fer est un industriel et si l'industrie, ou l'une des industries qu'elle exerce, peut-être classée dans une nomenclature d'industries justiciables d'un Conseil de Prud'hommes.

Si cette première question est résolue affirmativement, la Compagnie devra être assignée, aussi bien par ses ouvriers de *métier* que par ses ouvriers chauffeurs et mécaniciens, devant la section dans le ressort de laquelle elle aura été placée par les décrets d'institution.

En effet, la jurisprudence a décidé que le patron ne peut être assigné que devant le Conseil dont ressort son industrie. (2).

Ainsi, par exemple, un chauffeur de machine fixe, *électeur de la section des Métaux*, ne peut assigner l'imprimeur qui l'emploie que devant la section des industries diverses, dans le ressort de laquelle se trouve l'industrie de l'imprimerie.

S'il en était autrement, le patron pourrait, suivant les différentes catégories d'ouvriers qu'il emploierait, se trouver soumis à la juridiction de chacun des conseils établis pour d'autres industries que la sienne.

Qu'adviendrait-il donc, si l'on décidait que les Compagnies de chemins de fer doivent être assimilées aux sociétés particulières qui construisent des locomotives et des wagons,

« Attendu qu'elles vendent des locomotives de leur fabrication, quand on leur en demande; attendu qu'elles louent à

(1) Le Hir, docteur en droit, directeur du *Journal des Prud'hommes*.

(2) M. Bastid s'était gravement trompé sur ce point, en disant : « Une Compagnie de chemins de fer emploie un serrurier, un forgeron, un charpentier; on se demande à quelle catégorie se rattache la profession de l'ouvrier? s'il s'agit d'un forgeron, d'un serrurier, on s'adresse à la section des Métaux; s'il s'agit d'un ouvrier qui ne rentre pas dans cette section, on s'adresse à une autre section. »

d'autres Compagnies, moyennant un prix fixé, des wagons de leur fabrication ? (1) »

Les Compagnies de chemins de fer deviendraient comme M. Gouin, comme MM. Derosne et Cail, justiciables de la section des métaux. Et c'est devant cette section qu'elles devraient être assignées, non-seulement par les ouvriers de leurs ateliers et chantiers, mais aussi par leurs ouvriers chauffeurs et mécaniciens.

Mais, dit-on, pour être justiciable d'un tribunal de Prud'hommes, il ne suffit pas d'être ouvrier ou fabricant, il faut encore, si l'on s'en tient au texte de la loi primitive, prendre part à l'élection de ce tribunal.

Pour les ouvriers des ateliers et chantiers, ils seront inscrits sans difficultés sur les listes électorales de Prud'hommes ; il en sera de même pour les chauffeurs et les mécaniciens, qui sont aussi des ouvriers porteurs de livrets ; mais les Compagnies de chemins de fer sont des sociétés anonymes ; pour leur permettre de prendre part à l'élection, détacherez-vous des personnalités de l'être collectif, démembrerez-vous l'être moral ? Non, elles ne prendront pas plus part à l'élection que ne le font les directeurs des nombreuses industries constituées en sociétés anonymes qui, dès aujourd'hui, sont justiciables des Conseils de Prud'hommes.

Si les Compagnies de chemins de fer sont classées comme sociétés de constructeurs-mécaniciens, tous les constructeurs-mécaniciens qui prennent déjà part à l'élection représenteront cette industrie dans le Conseil des Prud'hommes.

Ce qui arrive pour ces conseils se reproduit pour les tribunaux de commerce, dont beaucoup de justiciables ne prennent point part à l'élection.

Ainsi, à Paris, il y a 80,000 patentés justiciables du Tribunal de Commerce, et *trois mille* d'entre eux seulement prennent part à l'élection des juges consulaires.

(2) Jugement du Conseil des Métaux de Paris, octobre 1871.

Les adversaires de la proposition semblent oublier que la juridiction des Prud'hommes, sorte de droit du préteur, s'est peu à peu si bien transformée, que la création de 1806 n'a guère plus rien de commun *que le nom* avec l'institution actuelle.

La loi du 18 mars 1806, constitutive de la juridiction des Prud'hommes, ne visait que l'industrie de la soie à Lyon et dans le rayon industriel de cette ville. Or, cette industrie s'exerçait en chambre par un ouvrier, chef d'atelier, assisté de deux ou trois compagnons. Le but de cette loi était de garantir, entre patrons, la propriété des dessins, et d'amener une solution amiable des désaccords entre patrons et chefs d'ateliers, des *petits différends* entre chefs d'ateliers et compagnons ou simples ouvriers. Et ces derniers n'étaient ni électeurs ni éligibles pour les Conseils de Prud'hommes.

Plus tard, cette juridiction fut appliquée à certaines industries organisées comme celle des soies à Lyon, puis elle fut étendue aux lainages.

Mais elle était restée spéciale pour les industries s'exploitant *à l'entreprise*, et l'expertise ne jugeait que du prix *du travail à façon*.

Cette juridiction n'avait donc rien de commun avec l'industrie mécanisée ou manufacturière, dans laquelle le paiement se fait, non pas à raison du travail accompli, mais d'après le nombre des heures de présence à l'atelier.

En 1847 et en 1853, changement complet : on rend justiciables des quatre Conseils de Paris dix mille industries, dont la grande majorité ont été mécanisées (la scierie, la charpenterie, la menuiserie, la serrurerie, etc.)

Chaque Conseil juge et sentencie pour toutes les industries similaires placées sous sa juridiction par le décret d'institution, et les expertises sont renvoyées aux chambres syndicales, formées de patrons. Il y en a 80 à Paris.

Les Prud'hommes ne statuent plus seulement sur de *petits différends*, ils décident sur des affaires d'une importance de 10, 15 et 20 mille francs, et M. Tirard déclarait à la tribune, en

1872, qu'il lui était passé sous les yeux, au Conseil des Prud'hommes de Paris, des règlements de comptes considérables, un, entre autres, *s'élevant à plus de 30,000 fr.*

Non-seulement les Conseils ne se bornent plus à faire de l'arbitrage entre les ouvriers *aux pièces* et leurs patrons ou chefs d'ateliers, mais encore, investis de la police des ateliers, ils jugent des infractions à la discipline de ces établissements et des abus de règlements, retenues, amendes, etc.

Faudrait-il bouleverser toute l'institution, sous prétexte de faire respecter le texte et l'esprit des décrets primitifs ?

Faudrait-il, parce que les premiers tribunaux de Prud'hommes n'étaient compétents que pour trancher *de petits différends,* déclarer nuls et non-avenus tous règlements de comptes s'élevant à 15, 20 ou 30,000 francs ?

Faudrait-il, parce que la création de 1806 n'avait en vue que l'expertise du travail *à façon*, décider que toute industrie dans laquelle on travaille à l'heure, à la journée ou à la tâche, doit être dépossédée du bénéfice de la juridiction ouvrière ?

Evidemment non.

C'est pourtant à ces conséquences extrêmes que devraient aboutir ceux qui repoussent la proposition Cazot.

En effet, les objections qui ont été formulées contre l'application de la création de 1806 à l'industrie des chemins de fer, sont tout aussi concluantes contre le maintien de cette juridiction à la plupart des industries aujourd'hui justiciables des Prud'hommes.

Entre les deux solutions à donner au problème posé devant elle, un remaniement complet de la législation ouvrière, ou l'application de l'institution, telle qu'elle est aujourd'hui, à de nouvelles et nombreuses catégories d'ouvriers, l'Assemblée n'hésitera pas, j'en suis convaincu, à adopter la plus libérale. Elle se prononcera pour l'extension de la juridiction des Prud'hommes aux *ouvriers* employés par les Compagnies de chemins de fer, *ouvriers* laissés jusqu'ici en dehors du droit commun. Pour les ouvriers des ateliers et chantiers que l'Assemblée a cru, en 1872, justiciables des Conseils de Prud'hommes, la question ne peut soulever aucune difficulté. Il ne nous reste donc plus qu'à déterminer si les chauffeurs et mécaniciens, *conducteurs de locomotives*, sont, oui ou non, *des ouvriers* dans le sens que la loi attache à ce mot.

X. — Les Mécaniciens sont-ils des ouvriers ?

Le rapporteur de 1872 a dit et répété que les Compagnies de chemins de fer étaient la représentation de l'Etat en ce qui concerne les transports et que les agents de l'exploitation étaient de *véritables fonctionnaires*.

Bien que l'Etat, dans un but de sécurité publique, ait légalement un droit d'ingérence (1) assez étendu dans les affaires des Compagnies, ces Compagnies n'en sont pas moins des sociétés *privées* et leurs agents, ouvriers ou employés, ne sont à aucun titre *des fonctionnaires*. (2).

Ces Compagnies *privées* ont leurs intérêts propres, toujours distincts de ceux de l'Etat et souvent contradictoires avec eux. Leurs agents ne sont même pas *assimilés* par la loi aux ouvriers de l'Etat, et c'est une singulière idée de faire d'un graisseur, d'un chauffeur ou d'un mécanicien des *fonctionnaires*, afin d'établir que les *ouvriers* des Compagnies de chemins de fer ne peuvent être justiciables des Prud'hommes.

Si c'est une assertion *hors de toute discussion* que de dire : les chauffeurs et mécaniciens sont *des fonctionnaires*, faut-il admettre du moins que ces agents sont quelque chose de plus que des ouvriers ?

Pour le chauffeur, véritable homme de peine, agent secon-

(1) Voir annexe L.

(2) Certains agents des Compagnies ont, comme les gardes particuliers, le droit de dresser des procès-verbaux. Ni ces agents, ni le garde assermenté qui veille sur ma propriété, ne sont cependant des *fonctionnaires publics ;* ce n'est pas l'Etat qui les paie, les nomme et les révoque.

daire, n'ayant jamais à agir qu'en sous-ordre, on n'a point tenté cette œuvre impossible de faire de lui un *presque-ingénieur*.

Il n'en est pas de même pour le mécanicien.

Dès 1857, la Cour de Cassation disait :

« Directeur du convoi, il est chargé d'en régler la marche » et d'en assurer l'heureuse arrivée ; ces fonctions, par leur » nature, leur importance, *l'élévation du prix* qui y est attaché » d'ordinaire, les *connaissances qu'elles exigent*, surtout les devoirs » et la *responsabilité* qu'elles imposent, diffèrent essentiellement » du service secondaire et *sans cesse soumis à la surveillance* » *et au contrôle* des chefs, sous-chefs et contre-maîtres, et du » travail *purement mécanique* des simples ouvriers ou gens de » travail. »

Malgré cet arrêt, les Prud'hommes de Paris (section des métaux), les Prud'hommes, qui doivent savoir, mieux que qui que ce soit, *ce que c'est qu'un ouvrier*, se déclaraient compétents dans l'affaire du mécanicien Hulot.

« Attendu que Hulot a été engagé comme *ouvrier* mécani- » cien, par la Compagnie du chemin de fer de l'Est, pour conduire » les locomotives ;

» Attendu que, quel que soit le mode de paiement de son » salaire, son emploi consistait à *signaler* les grosses répara- » tions dont les locomotives pouvaient avoir besoin et à *exécuter* » *manuellement* toutes les petites réparations urgentes d'entretien » qui se présentent journellement pendant le trajet et rentrent » essentiellement dans le travail du mécanicien ;

» Attendu que c'est en vain qu'on voudrait faire considérer » les *ouvriers* mécaniciens comme des industriels louant leur » industrie à la Compagnie du chemin de fer ;

» Attendu que, *quelle que soit l'élévation du salaire* payé au » jour, au mois ou à l'année, aux conducteurs de locomotives, » *pour leur travail manuel*, la Compagnie du chemin de fer » de l'Est ne peut avoir le droit de les distraire de leurs » juges naturels ;

» Attendu que le Conseil des Prud'hommes a été institué » pour régler les différends entre patrons et *ouvriers* ;

» Attendu, dans l'espèce, qu'il s'agit d'une réclamation » pécuniaire à l'occasion d'un renvoi. »

Le Tribunal de Commerce de la Seine cassait, il est vrai, ce jugement le 25 janvier 1872.

« Attendu qu'aux termes du décret du 10 juin 1809 et 20 » février 1810, nul n'est justiciable des Conseils de Prud'hom- » mes, s'il n'est marchand, fabricant, chef d'atelier, contre- » maître, *ouvrier*, compagnon ou apprenti ;

» Attendu que Hulot était attaché au chemin de fer de » l'Est en qualité de conducteur-mécanicien hors classe; » qu'à raison de cet emploi, il ne saurait être rangé dans la » classe des *ouvriers*. Qu'en effet, il était chargé de la direc- » tion des locomotives, dont il devait régler la marche confor- » mément aux règlements et assurer l'heureuse arrivée ;

» Qu'on n'est admis qu'après examen à concourir à exercer » ces fonctions, dans lesquelles *le travail manuel n'est que* » *l'accessoire de connaissances spéciales indispensables ;*

» Que la nature et l'importance de pareilles fonctions et les » devoirs qu'elles imposent à celui qui en est chargé, ne » permettent pas de l'assimiler à *un ouvrier* dans le sens que » la loi attache à cette appellation, mais bien à *un sous-aide* » *ingénieur*. »

Ce jugement, s'inspirant visiblement de l'arrêt de la Cour de Cassation précité, dont il n'est guère que la paraphrase, n'infirme en rien la valeur de la décision des Prud'hommes, plus compétents que les magistrats de la Cour de Cassation pour distinguer un ouvrier d'un non-ouvrier. Nous allons montrer du reste l'inanité des motifs invoqués par l'arrêt de la Cour de Cassation et par le jugement du Tribunal de Commerce de la Seine.

Les fonctions du mécanicien, *à raison des connaissances qu'elles exigent*, diffèrent-elles du travail *purement mécanique* des simples ouvriers et le travail manuel n'est-il que l'accessoire des connaissances *spéciales* qu'elles exigent ?

M. le Directeur général du contrôle de P.-L.-M., qu'on ne

peut accuser de partialité pour les mécaniciens, s'exprime ainsi sur ce point dans son rapport :

« On ne demande plus aujourd'hui aux mécaniciens qu'un » certain ensemble de qualités ordinaires et *aucune qualité* » *spéciale*. Sur certaines lignes, *on a même été conduit* à les dis- » penser du travail de petit entretien de leurs machines, » travail exclusivement confié aux ouvriers du dépôt....

» En dépit de leurs prétentions, les mécaniciens ne sont » pas plus intelligents *ni plus éclairés que les autres ouvriers*, » et ils sont même *inférieurs*, sous ce rapport, à ceux de » plusieurs professions. »

Les Prud'hommes avaient déjà dit, pour montrer que les mécaniciens n'étaient point des *quasi-ingénieurs :* ils ne font *qu'exécuter manuellement* les réparations de petit entretien et *signaler* les grosses réparations ; M. le Directeur général du contrôle nous apprend que, sur certaines lignes, on a même dispensé ces prétendus ingénieurs des réparations de petit entretien.

M. Le Hir, docteur en droit et directeur du *Journal des Prud'hommes*, est d'accord avec M. le Directeur général du contrôle pour protester contre le caractère *purement mécanique* du travail de l'ouvrier, car il dit :

« Parmi les travaux des *ouvriers* justiciables des Conseils » de Prud'hommes, il y en a qui exigent *une grande intelligence* » *et une capacité certainement plus grande* que celle des conduc- » teurs de locomotives des chemins de fer. »

Quant au travail *manuel* du mécanicien, il est incessant et *très-rude*. En route, il est occupé, sans trève ni repos, à manier ses leviers, à graisser ses rouages, à amorcer son injecteur Giffard, à serrer ou à desserrer les ressorts compliqués de la locomotive, et souvent il est obligé d'aider son chauffeur dans la dure besogne de l'alimentation du foyer (1).

(1) Pour chaque kilomètre à parcourir, il faut que 7 kilogrammes de charbon soient placés sur l'avant du tender, cassés, mis en feu, retirés en cendres ou extraits en mâchefer. — Rude besogne pour un parcours de plusieurs centaines de kilomètres.

Avant le départ du train et après son arrivée, il doit encore travailler manuellement, pendant deux heures environ, à mettre sa machine en état. Du soir au matin, il manie son marteau, ses limes, ses burins, ses clés, tous les vrais outils de l'*ouvrier;* et, dans certaines Compagnies, quand il y a un chômage accidentel, on l'envoie travailler au dépôt (1).

On le voit, dans les fonctions du mécanicien, *le travail manuel* est, non *l'accessoire*, mais bien *le principal*. *L'élévation du prix* payé au mécanicien pour *ce travail manuel* ne serait pas, quelle qu'elle fût, une raison de ne pas considérer cet agent comme *un ouvrier*.

Mais cette élévation de prix n'est pas une anomalie dans nos industries, ainsi que le faisait observer M. Tirard à l'Assemblée.

« Les appointements des mécaniciens, disait-il, sont de » 1,800 fr. à 3,600 fr. au maximum. Est-ce que, dans toutes les » usines et manufactures de France, il n'y a pas *des ouvriers* » qui gagnent des sommes *au moins aussi considérables?* »

Quant à la responsabilité du mécanicien, « sans doute elle est très-sérieuse, dit M. le Directeur général du contrôle, mais *celle d'un chef de train n'est pas moindre.* »

Et la responsabilité du mécanicien, qui consiste, comme celle d'un timonnier de navire, à assurer l'heureuse arrivée des voyageurs et des marchandises, en se guidant sur les signaux qu'il rencontre sur sa route, cette responsabilité est d'autant moins grande qu'il est sans cesse soumis au contrôle de nombreux agents représentant le patron. Le chef de train lui signifie des ordres, les chefs de gare, les inspecteurs lui font des injonctions auxquelles il doit obéir, ils l'observent et font des rapports sur sa conduite.

Ses fonctions secondaires, le contrôle incessant auquel il est soumis, le travail *manuel* très-rude et continuel qui lui est imposé, font du mécanicien *un ouvrier*, et ne permettent pas de le convertir en une sorte d'ingénieur.

(1) Plaidoirie de Me Delattre devant le tribunal de Commerce de la Seine.

Or, le mécanicien étant un ouvrier, et rien de plus, il aura le droit, ainsi que le chauffeur, ainsi que l'ouvrier d'atelier ou de chantier, de se faire inscrire sur la liste électorale des Prud'hommes, le jour où les Compagnies de chemins de fer auront été comprises dans une nomenclature d'industries du ressort de tel ou tel Conseil.

XI. — Dernière Objection.

Les adversaires de l'extension de la juridiction des Prud'hommes à l'industrie des chemins de fer formulent une dernière objection que, pas plus que les autres, je ne veux laisser sans réponse.

« La loi qui a organisé les Conseils de Prud'hommes (lit-on dans une note remise par la Compagnie du Nord à la 10e commission d'initiative), a pour but de vider les différends qui » éclatent entre patrons et ouvriers; il faut donc, d'une part, » que le salarié soit un ouvrier, *c'est-à-dire un individu travaillant* » *à fabriquer un produit*, d'autre part, que le patron réalise, » *sur l'objet fabriqué*, un bénéfice *au moyen d'une vente.* »

Ces affirmations sont absolument inexactes.

Être *ouvrier*, porteur de livret, travaillant chez un patron, à l'heure, à la semaine ou au mois, c'est là, aujourd'hui, la seule condition exigée pour être justiciable des Conseils de Prud'hommes.

Les mécaniciens ou chauffeurs des machines fixes employés par beaucoup d'industries justiciables des Prud'hommes, sont *des ouvriers*, et cependant leur travail ne consiste pas *à fabriquer un produit* sur lequel le patron doit réaliser un bénéfice *au moyen d'une vente.*

Leur travail se borne à conduire la force motrice à l'aide de laquelle les lapidaires donnent la taille aux diamants et autres pierres dures, à l'aide de laquelle les confiseurs confectionnent des bonbons ou du chocolat, les imprimeurs des livres ou des journaux, etc., etc.

Les mécaniciens et chauffeurs employés par les constructeurs de ponts, par les directeurs de transport des marchandises, par la Société des bateaux à vapeur de la Seine, *ne concourent même pas*, comme les précédents, *à fabriquer un produit* destiné à être vendu. Leurs patrons ne réalisent pas *au moyen d'une vente* un bénéfice sur un produit fabriqué par eux.

Cependant ces *ouvriers* et leurs patrons font journellement juger leurs différends par le Conseil des Prud'hommes (1), et ces patrons, qui ne font pas fabriquer un produit vendable, n'ont jamais songé à contester la compétence du Conseil des Prud'hommes, parce qu'ils savent qu'un industriel tombe sous cette juridiction quand il travaille ou fait travailler *pour autrui*.

De même les mécaniciens et chauffeurs conducteurs de locomotives conduisent la force motrice à l'aide de laquelle les Compagnies de chemins font, *pour autrui*, pour le public, des transports sur lesquels elles réalisent un bénéfice, mais *pas au moyen d'une vente*.

Les chauffeurs et mécaniciens conducteurs de locomotives se trouvent dans des conditions de travail (2) identiques à celles des *ouvriers* de même profession employés par diverses industries déjà justiciables des Conseils de Prud'hommes.

Comme eux, ils sont des *ouvriers*, dans le sens que la loi attache à cette appellation, comme eux ils devaient être justiciables d'un des Conseils de Prud'hommes.

---

(1) Déclaration de M. Briquet, président de la section des métaux à Paris.

(2) « Ce n'est point-là un travail *fait spécialement pour la Compagnie,* » mais un travail fait par la Compagnie *pour les Voyageurs.* »
Jugement de la section des Métaux, 30 octobre 1871.

XII. — Proposition Cazot. — (2e *Partie*).

Que, par suite de la disposition législative proposée par M. Cazot, les Compagnies de chemins de fer soient assimilées aux constructeurs-mécaniciens, ou aux sociétés de transport par eau, les *ouvriers* conducteurs de locomotives seront justiciables du Conseil ou de la section des Métaux.

Cette section, dans le ressort de laquelle rentrent déjà les patrons des industries assimilées à celle des Compagnies de chemin de fer et les chauffeurs ou mécaniciens employés par d'autres industries, sera donc des plus compétentes pour statuer sur les différends qui pourront survenir entre les comités de direction et les *ouvriers* au service de ces Compagnies.

Je crois n'avoir négligé aucune des objections formulées contre la proposition d'étendre la juridiction des Prud'hommes aux *ouvriers* employés par les Compagnies de chemin de fer. J'espère, sur ce second point, comme sur la question de la révocation *arbitraire* des agents commissionnés, avoir mis chacun de mes collègues en mesure de statuer en connaissance de cause.

Je ne puis douter que l'Assemblée nationale, qui a plus d'une fois manifesté sa bienveillante sympathie pour les intérêts des classes ouvrières, ne prenne en considération la seconde partie de la proposition Cazot, que je proposerais de formuler ainsi :

Art. 3.

« Les contestations entre les Compagnies de chemins de fer, d'une part, les ouvriers des ateliers et chantiers ou les ouvriers chauffeurs et mécaniciens de ces Compagnies, d'autre part, seront jugées par la section des Métaux du Conseil des Prud'hommes dans le ressort duquel se trouve l'atelier, le chantier ou le dépôt auquel appartient l'ouvrier. Dans le cas où le Conseil de Prud'hommes compétent n'aurait pas de section des Métaux, il en sera créé une par un décret rendu dans le délai de trois mois, à partir de la promulgation de la présente loi. »

ART. 4.

« A défaut de Conseil de Prud'hommes dans la localité, la contestation sera portée devant le Conseil des Prud'hommes du chantier, de l'atelier ou du dépôt le plus voisin (1). »

DE JANZÉ, DÉPUTÉ.

(1) Je propose de formuler ainsi les deux premiers articles de la proposition, relatifs à la suppression de la faculté de renvoi arbitraire :

ART. 1er.

A partir de la promulgation de la présente loi, les agents *commissionnés* au service des Compagnies de chemins de fer, ne pourront être congédiés *sans indemnité*, qu'en vertu de *motifs sérieux* appréciables par les juges compétents.

ART. 2.

Nonobstant toute disposition contraire des règlements, les sommes retenues aux agents *commissionnés*, en vue d'une pension de retraite, seront restituées à ces agents ou à leurs héritiers, en cas de démission, de révocation ou de décès.

ANNEXES

ANNEXE B.

La Commune, l'Internationale, la Grève (1).

Pour justifier la sévérité des mesures prises contre les mécaniciens à propos de ce que les Compagnies ont appelé *l'agitation pétitionnaire*, on a accusé ces agents d'avoir pactisé avec la Commune, d'être affiliés à l'Internationale, d'avoir voulu organiser la grève en permanence, etc. Les mécaniciens repoussent énergiquement ces graves accusations, portées contre eux à la légère. Ils reprochent à leurs adversaires de dénaturer les faits les plus naturels, pour en faire contre eux des chefs d'accusation. A l'appui de cette assertion, ils citent l'exemple suivant :

Sous le règne de la Commune, un sieur Arnault, se disant délégué de la Préfecture de police, se présente à une de leurs réunions; le Président fait sortir cet intrus, en lui disant que la réunion n'a rien de politique et que le règlement exclut formellement toute personne étrangère au personnel des mécaniciens et chauffeurs. L'assemblée décide, à la suite de cet incident, qu'on ne sera plus admis aux réunions ultérieures qu'avec une carte signée par le président et par le porteur de cette carte d'entrée.

Dans un ordre de service, en date du 2 septembre 1871, qu'il fait afficher dans toutes les gares, un ingénieur en chef de P.-L.-M. traduit (2) ainsi cet incident Arnault :

(1) Voir page 11.

(2) *Traduttore, traditore,* disent les Italiens.

« Pendant l'insurrection de Paris, en mars dernier, quelques mécaniciens, *d'accord avec M. Raoul Rigault et quelques autres agents de la Commune* (1), ont fondé à Paris une société dite : l'Union fraternelle des mécaniciens et chauffeurs, etc. »

Et ces cartes d'entrée, destinées à interdire aux intrus comme Arnault l'accès des réunions, étaient produites, quelques mois plus tard, au Tribunal de Commerce de la Seine, par l'avocat de la Compagnie de l'Est, comme preuve de l'affiliation des mécaniciens à une société *secrète !*

Le Directeur général du contrôle pour P.-L.-M. semble avoir subi l'influence des préventions excessives de certains ingénieurs contre les mécaniciens. Nous lisons, en effet, dans son rapport en date du 26 juillet 1871 :

« Pendant ces mois déplorables (le temps de la guerre avec l'étranger), les mécaniciens ont montré une activité et un courage dignes d'éloges. Comment viennent-ils se livrer à des réclamations *intempestives ?* C'est que, à peine les communications avec Paris rétablies, ils subissent l'influence *des idées* qui s'essayaient le 31 octobre et commençaient le 18 mars leur application. Les délégués se défendent d'être les adhérents de sociétés *rêvant la ruine du pays.* Il suffit de jeter les yeux sur les statuts de la *prétendue* société de secours mutuels, fondée en 1871, pour que les soupçons se changent en certitude. Quelques *artifices de langage* ne peuvent donner le change sur la portée de tels et tels articles de cette pièce. Ce que la société a en vue, c'est *l'organisation des grèves.* » (2).

(1) Après la Commune, parmi la masse des arrestations effectuées alors, souvent par erreur, pas une seule n'atteint un mécanicien de P.-L.-M... Le casier judiciaire des mécaniciens et chauffeurs est nul. (Plaidoirie de Me Delattre).

(2) Le *projet* de société *d'union fraternelle* qui semble avoir servi de base à cette accusation est attribué à un sieur Sénécal, employé de P.-L.-M. (Plaidoierie de Me Delattre devant le Tribunal de Commerce de la Seine). Accepté par une des sections du réseau de P.-L.-M., ce projet contenait un article par lequel les mécaniciens s'engageaient à faire grève, « si une « Compagnie, voulant procéder par intimidation, descendait de classe ou » révoquait de ses fonctions un collègue qui se dévouerait à la cause com-

Et, sur toute l'étendue du réseau P.-L.-M., l'enquête se poursuit sous sa direction, dans ce courant d'idées.

« L'objet de la société fraternelle (dit un ingénieur ordinaire du contrôle, dans un rapport en date du 31 août 1871), » *tel qu'il est défini par les statuts*, serait uniquement l'allocation de secours, en cas d'accident et de maladie, aux membres blessés, ou à leurs familles en cas de mort; mais *il est évident* qu'elle est destinée à constituer une véritable *trade's union*, et à soutenir la guerre des grèves contre la » Compagnie. »

Un autre ingénieur ordinaire du contrôle dit, le 3 août 1871 : « Nous ne pouvons donner aucune réponse sur les agissements des *meneurs*. Nous ne savons qu'une chose : que la » Compagnie a renvoyé plusieurs mécaniciens *pour avoir fait* » *ou pour faire encore partie de l'Internationale.* »

Un troisième, par son rapport du 19 août 1871, nous édifie sur la valeur du motif invoqué par la Compagnie à l'appui de ces renvois; en effet, il dit :

« Nous avons cherché à savoir s'il n'y avait pas, parmi les » mécaniciens de notre section, des meneurs. Le fait *paraît* » *certain*. Quoique *l'on soit convaincu* que plusieurs, parmi » eux, *font partie de l'Internationale*, on n'a mis la main, jusqu'à présent, *sur aucun d'eux*. On punit ceux qui sont assez » faibles pour se laisser entraîner, mais les meneurs seront » chassés *s'ils sont découverts*. »

Voici ce que disent les ingénieurs du contrôle *qui procèdent eux-mêmes à l'enquête;* mais, comme il arrive toujours, les affirmations deviennent de plus en plus précises à mesure qu'on s'éloigne des sources d'information.

Aussi M. Caillaux, chef nominal du contrôle, arrivé au ministère des Travaux publics longtemps après la clôture de l'enquête, et *ne sachant rien par lui-même*, ne craint pas de

» mune. » — Ce projet fut *repoussé* par la réunion de Paris, c'est-à-dire par les mécaniciens *délégués*, dont la disposition ci-dessus avait pour but de garantir la situation. Son auteur présumé est encore au service de la Compagnie. Au contraire, les agents qui l'ont *repoussé* ont été *révoqués*, et M. Caillaux les accuse d'être tous *affiliés à l'Internationale*.

dire, dans la lettre qu'il écrit, le 23 janvier 1875, au Président de la 30e commission d'initiative :

« Dans le courant de l'année 1871, *un grand nombre* de » mécaniciens, appartenant aux diverses Compagnies de che- » mins de fer, mais plus spécialement à la Compagnie Paris- » Lyon-Méditerranée, *affiliés à la Société l'Internationale*, se » concertèrent pour recueillir des souscriptions à l'effet d'or- » ganiser des grèves sur les différents réseaux du pays. »

Cette affirmation, sur les nombreux mécaniciens qui se sont concertés, en 1871, pour aviser aux meilleurs moyens d'obtenir, *par les voies de conciliation*, l'amélioration de la situation, peut causer quelque surprise dans la bouche d'un Ministre des Travaux publics. Elle rappelle trop, en effet, la boutade de cet Anglais qui, repartant pour son pays, après s'être arrêté quelques heures dans une auberge de Calais possédant une servante borgne et rousse, écrivait sur ses tablettes de voyage : Toutes les Françaises sont borgnes et rousses.

Les ingénieurs placés à la tête des Compagnies qui ont été entendus par la 10e commission d'initiative, au mois de février 1872, ont affirmé, comme les ingénieurs du contrôle, que : les plaintes formulées par les mécaniciens, dans leur pétition, étaient faites pour *donner le change* sur leurs tentatives de créer une société *ayant pour but la grève et la désorganisation du service*.

Si nous avions eu, disent les mécaniciens, des sympathies pour l'Internationale et pour Raoul Rigault, le collaborateur inattendu que nous prête un ingénieur de P. L. M., n'aurions-nous pas tenté d'assurer, *par la grève*, le triomphe de nos idées, pendant la longue et terrible insurrection de Paris ? Le Gouvernement et l'Assemblée n'avaient pas d'armée pour les défendre; c'est à grand'peine que, *grâce à notre concours actif et dévoué*, on a pu rapatrier l'armée de Metz et celle de Bourbaki, et amener à Versailles les garnisons éparses sur les divers points du territoire.

Nous l'écrivions à l'Assemblée, en 1872 : « La classe des mécaniciens et chauffeurs est peut-être la seule qui, dans les circonstances les plus cruelles, *n'a jamais voulu recourir à la grève.* » Nous ne voulons pas y recourir en 1875, nous ne le voulions pas davantage en 1871.

« Ce sont *les ingénieurs*, disait Me Delattre devant le Tri-
» bunal de la Seine, en 1872, qui ont fait surgir cette idée,
» cette préoccupation de grève. Ce sont *les ingénieurs* qui ont
» dépeint les mécaniciens comme en étant animés. »

Quelque peu fondées que fussent les accusations portées contre les mécaniciens, M. de Larcy, Ministre des Travaux publics, trouvait *les ingénieurs* du contrôle d'accord avec *les ingénieurs* au service des Compagnies, pour déclarer que les mécaniciens *se préparaient à organiser une grève générale sur les divers réseaux français*. Il n'hésita donc pas à user du droit que lui conférait le décret du 27 mars 1852 (1), et il invita les Compagnies de chemins de fer à prononcer le renvoi d'un certain nombre de mécaniciens, *signalés comme meneurs*.

C'est à la suite de cette intervention de l'administration, confirmée officiellement dans la lettre écrite par M. Caillaux à la 30e commission d'initiative, que les Compagnies révoquèrent 80 mécaniciens, et en descendirent 40 de classe.

Eh bien ! tous les mécaniciens et chauffeurs que l'on représentait comme animés de constantes préoccupations de grève, n'ont pas songé un seul instant, après cette hécatombe, à recourir à cette déplorable extrémité de la grève. Ils n'ont cessé, au contraire, de poursuivre, par toutes les voies amiables, le redressement des griefs qu'ils avaient formulés, *non pour donner le change*, mais bien pour obtenir justice.

Ne trouvant pas auprès du Ministre des Travaux publics l'appui qu'ils avaient pu se croire en droit d'espérer, ils ont saisi l'Assemblée nationale de leurs réclamations en 1871.

Depuis cette époque, ils attendent, avec une patience à laquelle il faut rendre hommage, une solution qu'ils n'ont jamais cherché à obtenir par la détestable voie de la grève (2).

(1) « L'administration aura le droit, les Compagnies entendues, de re-
» quérir la révocation d'un agent des Compagnies de chemins de fer. »

(1) Leur avocat, en les défendant devant le Tribunal de Commerce de la Seine, a dit avec raison : la grève ressemble au duel japonais, dans lequel un commence par s'ouvrir le ventre pour obliger son adversaire à en faire autant.

ANNEXE C.

Charge des machines et vitesse (1).

La marche régulière des trains et la modération de vitesse de certains types de machines destinées à remorquer un poids considérable à petite vitesse, sont les deux conditions les plus essentielles à observer pour sauvegarder les intérêts de la sécurité publique.

Les mécaniciens citent les exemples de nombreux accidents arrivés par suite de l'inobservation de ces deux conditions, et ils font ressortir la nécessité d'une enquête sérieuse à ce sujet.

Suivant eux, les machines sont essayées dans les conditions les plus favorables, par beau temps et bon rail, et elles sont cotées à telle ou telle force dans ces conditions. Les Compagnies, pour faire des économies de traction, donnent à remorquer à ces machines le poids *maximum* qu'elles peuvent entraîner. Mais, survient une gelée ou un brouillard, les roues patinent sur les rails, le train reste en détresse. Survient un train rapide, marchant à toute vapeur, il y a collision entre les deux trains. De là tant d'accidents qui auraient été évités si les Compagnies s'étaient décidées à diminuer la charge des machines, au lieu de laisser les mécaniciens dans l'obligation de recourir aux déplorables moyens de l'irrégularité de marche et du calage des soupapes pour suppléer à l'insuffisance de force des locomotives.

La Compagnie de Paris-Lyon-Méditerranée, qui s'est fait une sinistre réputation par suite de l'insécurité des voyages sur son réseau (2), a supprimé les entretoises, empêchant le calage des soupapes (3), au moment même où elle augmentait la charge de ses machines.

(1) Voir page III.

(2) Cette Compagnie a mérité de voir ses initiales P.-L.-M. ainsi traduites : *pour la mort*.

(3) Le mécanicien en retard, voulant marcher à la plus grande vitesse possible sans dépenser plus de combustible, cale les soupapes de sûreté de

C'est un encouragement indirect au calage des soupapes, mesure déplorable à laquelle recourent les mécaniciens plutôt que de laisser en route une partie de leur charge. En effet, ils sont condamnés à l'amende lorsqu'ils laissent à une station intermédiaire l'excédant de poids qui ralentit leur marche, *alors même*, disent-ils, *qu'ils peuvent justifier n'avoir obéi qu'à un cas de force majeure*. Quoi de surprenant alors à ce qu'ils fassent l'impossible pour arriver, et cela au détriment de la sécurité publique.

C'est ainsi encore que, pour obtenir la prime de régularité de marche, ils rattrapent leurs retards en se lançant à toute vapeur dans les descentes, au risque de provoquer un accident en marchant à une vitesse exagérée. Parfois même les ordres de service eux-mêmes nous obligent, disent les mécaniciens, à marcher à une vitesse fantastique, et, à l'appui de leur affirmation, ils citent cet exemple :

« De Lyon-Vaise à Lyon-Perrache, des machines dont la » vitesse maxima est fixée réglementairement à 55 kilomètres » à l'heure, doivent effectuer ce parcours, qui est de 4 kilo- » mètres 600 mètres, en *sept minutes*. Mais, pour la mise en » vitesse et le ralentissement d'arrivée, il y a lieu de déduire » deux minutes, restent cinq minutes. Des ordres de service » exigeant un ralentissement de une minute, restent quatre » minutes. L'instruction 131 de M. l'ingénieur Marié oblige » les mécaniciens, *sous peine d'amende*, à augmenter leur vitesse » de 10 kilomètres, soit une minute à regagner ; *ils doivent* » *donc parcourir 4 kilomètres 600 mètres en trois minutes !*

» Est-il possible de marcher à cette vitesse fantastique avec » des machines dont les ordres de service *ont limité la vitesse* » *maxima à 55 kilomètres à l'heure ?*

» Les mécaniciens de Lyon-Vaise ont réclamé, et l'ingénieur » de Lyon continue à leur appliquer l'amende réglementaire

la chaudière avec deux petits morceaux de fer. La chaudière peut faire explosion et le mécanicien court le risque d'être révoqué s'il se fait prendre. Mais, afin d'éviter l'amende pour chaque minute de retard, et de gagner sa prime d'économie sur le combustible, il brave ce double danger.

» pour un temps qu'il leur est matériellement impossible de » regagner. »

On le voit, la charge des machines et la vitesse sont des questions assez graves, au point de vue de la sécurité publique, pour justifier la demande d'enquête que les mécaniciens avaient formulée dans leur pétition de 1871.

ANNEXE D.

La durée du travail et le contrôle (1).

En dépit des prescriptions réglementaires et des exigences de la sécurité publique, il arrive trop souvent que les besoins du service imposent à certains agents des chemins de fer *un travail d'une durée excessive.*

Ce n'est pas seulement aujourd'hui que cette question est posée au Gouvernement ; dès le mois d'octobre 1855, le Ministre des Travaux publics écrivait la circulaire suivante :

« Une opinion s'est depuis quelque temps répandue dans le public et semble s'accréditer de plus en plus à chaque nouvelle catastrophe, c'est que l'on peut attribuer en partie ces accidents à l'insuffisance du nombre des agents et à *l'excès de travail* qui serait ainsi imposé à chacun d'eux...

» Je vous invite à m'adresser un état complet des employés du service de la voie et de la traction, gardes de jour et de nuit, agents des stations, aiguilleurs, mécaniciens, chauffeurs, en indiquant pour chacun d'eux le chiffre de son traitement et *la durée de son travail journalier.* Vous me ferez connaître si le taux de ce traitement et *cette durée de travail* vous paraissent en rapport, d'une part, avec les conditions d'aptitude spéciale, de l'autre, avec le degré de fatigue et d'attention qu'exige la nature de chaque service. »

En 1856, nouvelle circulaire ainsi conçue :

« La durée du travail journalier doit être toujours en rapport avec le degré de fatigue ou d'attention qu'exige la nature

(1) Voir page III.

de chaque fonction. Le service trop prolongé peut créer des dangers pour l'exploitation. Cette observation est surtout essentielle pendant la durée de la mauvaise saison. Elle doit s'appliquer plus particulièrement aux gardes, aux aiguilleurs, aux mécaniciens et aux chauffeurs, dont la ponctualité et la présence d'esprit sont indispensables pour assurer la sécurité de la marche des trains. J'appelle toute votre attention sur ce point. »

En 1865, enfin, troisième circulaire plus pressante :

« Des réclamations se produisent fréquemment au sujet du travail excessif qui serait imposé aux mécaniciens et chauffeurs sur les chemins de fer ; on attribue généralement à ce travail trop prolongé la plupart des accidents que nous avons à regretter.

» Je vous prie de me faire connaître, aussi exactement que possible, quelle est la durée du service quotidien de ces agents, *en spécifiant le nombre d'heures qu'ils passent en route ou dans les dépôts, avant de rentrer dans leur domicile*, et le temps de repos qui leur est accordé entre deux voyages.

» Vous voudrez bien remarquer d'ailleurs que ces renseignements ne *doivent pas consister purement et simplement en une moyenne, attendu qu'une semblable indication ne ferait pas suffisamment ressortir le maximum de durée du travail* des mécaniciens et chauffeurs. Or, c'est précisément *ce maximum* qu'il m'importe de connaître, et, à cet effet, j'ai besoin des chiffres précis résultant des ordres de service. »

Cette dernière circulaire avait été probablement provoquée par divers incidents parlementaires qu'il est bon de rappeler ici :

Au mois de mars 1864, M. Martel avait signalé à l'attention du Corps législatif, un grave accident imputable à la fatigue d'un aiguilleur *qui en était à sa 18e heure de service* au moment de la catastrophe.

Les commissaires du Gouvernement répondaient que c'était là un fait exceptionnel, que les Compagnies ne demandaient point à leurs agents un service trop prolongé, ainsi que le constataient les enquêtes auxquelles on avait procédé à diverses reprises.

M. Jules Brame avait invoqué, contre cette affirmation, l'exemple d'un autre aiguilleur *devant faire 24 heures de service,* et ayant été cause d'un accident à sa 14e heure de travail. Il affirmait, en outre, que tous les huit jours, par le mécanisme de la permutation hebdomadaire, des hommes d'équipe et des aiguilleurs du chemin de fer du Nord étaient astreints à un service de *18 heures* de durée.

Quelques mois plus tard, je venais lire à la tribune les attestations d'un certain nombre de chauffeurs et de mécaniciens déclarant qu'on leur avait demandé un service d'une durée excessive, *invraisemblable*; et l'on m'avait encore opposé *le résultat des enquêtes administratives.*

Le Ministre des Travaux publics et les orateurs du Conseil d'État, parlant en son nom, étaient donc mal renseignés.

Pourquoi étaient-ils laissés dans l'erreur? Parce que les agents du contrôle n'étaient pas éclairés eux-mêmes par une surveillance active, et qu'ils ne pouvaient pas l'être, par suite de la vicieuse organisation du service du contrôle de l'État.

Voici quelques observations présentées au Corps législatif, en 1864, sur cette organisation du contrôle, par M. Jules Brame :

« Qui voyons-nous aujourd'hui à la tête et à la direction des Compagnies? Des inspecteurs divisionnaires *de l'État!*

» Qui voyons-nous à la tête du contrôle contre les Compagnies? Des ingénieurs *de l'État!* Et, comme ceux-ci ont conservé des habitudes de respect et de déférence bien naturelles vers leurs supérieurs, il n'en doit pas toujours résulter un avantage pour le service.

» Qui voyons-nous encore, entremêlés dans tous les degrés de la hiérarchie, soit dans le contrôle de l'État, soit dans le service des Compagnies? Des fonctionnaires du même ordre, *appartenant à une seule et même famille,* sortant du même berceau, et devant avoir, les uns pour les autres, des égards, d'anciennes relations *qui viennent nuire à un sévère et sérieux contrôle.* »

J'avais dit moi-même, en traitant ce sujet :

« L'ingénieur du contrôle, avec son modeste traitement, se trouve chargé de surveiller son camarade d'école, son égal et, parfois, son supérieur, ayant un traitement princier de 40, 50 ou 100,000 francs. Et son seul espoir à lui, espoir bien naturel, est d'arriver à jouir un jour, à son tour, d'une situation pareille, à entrer, lui aussi, au service des Compagnies de chemins de fer. N'est-il pas dans la nature humaine que, cédant au sentiment de la camaraderie, il songe aussi à ne pas s'aliéner la bienveillance des Compagnies, *en les surveillant avec un zèle trop excessif.* »

A ce mal, quel est le remède?

C'est, ou d'interdire aux *ingénieurs de l'État* d'entrer au service des Compagnies, ou de confier le contrôle contre les Compagnies à des ingénieurs *civils,* sortis d'autres écoles, et secondés par des commissaires de surveillance qui soient indépendants et qui ne soient pas des invalides (1).

Tant que surveillants et surveillés sortiront de la même école, seront de la même famille, les abus se perpétueront, et toutes les enquêtes administratives n'aboutiront jamais qu'à cette déclaration : Tout est pour le mieux, dans le meilleur des mondes possibles.

Dès 1864, à la séance du 30 mars, M. Jules Brame opposait aux affirmations optimistes du contrôle les constatations

(1) Ces fonctionnaires, bien que désignés par le Gouvernement, sont payés sur les fonds des Compagnies. Ils se regardent donc comme à la solde de ceux qu'ils sont chargés de contrôler, et sont toujours disposés à excuser les fautes des agents des Compagnies. Ils se considèrent un peu trop comme de la maison, et dès le mois de novembre 1857, un ministre des Travaux publics se croyait obligé de leur donner l'avertissement suivant, par une circulaire adressée aux ingénieurs du contrôle :

« L'administration est informée que des commissaires de surveillance administrative ont cru pouvoir solliciter, auprès des Compagnies de chemins de fer auxquelles ils sont attachés, des emplois, soit pour leurs parents, soit pour d'autres personnes. De pareilles sollicitations ne sauraient avoir lieu sans compromettre l'indépendance des commissaires vis-à-vis de la Compagnie dont ils sont appelés constamment à contrôler les actes en matière d'exploitation. Je vous prie d'inviter les commissaires placés sous vos ordres à s'abstenir de toutes démarches de cette nature auprès des Compagnies. »

En outre, les places de commissaires de surveillance sont accordées comme retraite à d'anciens soldats, toujours peu compétents, et souvent presque invalides. Il en est de même pour les inspecteurs.

judiciaires faites à la suite de l'accident de Pierrefitte, accident dans lequel il y avait eu six tués et 20 personnes blessées grièvement. Il disait :

« Les commissaires impériaux affirment qu'en ce qui touche le matériel locomobile, les mesures les plus sévères sont prises; que ce n'est donc pas à la défectuosité du matériel que peuvent être attribués les accidents que l'on a eu à déplorer. »

Reportons-nous aux débats :

L'ingénieur du contrôle dit : il y a eu une bielle de cassée à Gonesse, et malgré toutes les prescriptions, malgré le règlement, le train a continué sa marche.

Voilà une bielle cassée.

Le conducteur du train dit qu'il communique d'*habitude* avec le mécanicien au moyen d'une corde, mais que, ce jour-là, le mécanisme d'alarme exigé par les règlements était dérangé.

Voilà un mécanisme dérangé.

Le président interroge le mécanicien Dombrowski; celui-ci dit : J'ai serré le frein, mais le frein s'est brisé.

Ainsi voilà un frein brisé.

Le mécanicien du train tamponné, en voyant arriver l'autre train sur le sien, s'est jeté sur sa machine et l'a mise en marche, mais la chaîne qui relie le tender aux wagons s'est brisée et il est arrivé seul à Saint-Denis avec sa machine et son tender.

Voilà une chaîne cassée.

Après avoir ainsi montré la valeur du contrôle exercé sur le matériel roulant, M. Jules Brame ajoutait :

« Le mécanicien Dombrowski, interrogé par le Président, répond : J'avais reçu du haut d'un pont, il y a quelque temps, une bouteille sur la tête; *ma vue était excessivement affaiblie*, la Compagnie devait le savoir, par un long voyage.

» Il était impossible que la Compagnie ne sût pas que M. Dombrowski *était exténué*. Il était dans cette situation où la moindre inattention, ou un grain de sable qui entre dans les yeux peut compromettre et anéantir un grand nombre d'existences, ce qui est arrivé. »

Ainsi, non-seulement le matériel était en mauvais état, contrairement aux assertions des agents du contrôle, mais encore la Compagnie avait obligé le mécanicien à faire un service excessif, à raison de l'état de santé où il se trouvait par suite d'un accident.

Le passage suivant de l'ouvrage de M. G. Duchêne, *l'Empire industriel,* établit que la Compagnie *connaissait* l'infirmité accidentelle de ce mécanicien, et que le devoir du contrôle, à raison de cette infirmité, eût été d'interdire à la Compagnie d'employer cet agent à la conduite des trains.

« J'ai connu personnellement Marcel Dombrowski, dit M. G. Duchêne. Plusieurs années avant l'accident, passant à toute vapeur sous un pont, il avait reçu au front le choc d'une bouteille lancée du haut de la passerelle. Il était tombé évanoui. Il fut quelque temps entre la vie et la mort, et n'entra en convalescence qu'au bout de six mois. Lorsqu'il revint à la Compagnie demander du travail, on lui offrit de reprendre son service. Il répondit qu'*il ne voyait plus d'un œil et que, de son autre œil, le bon, il n'était pas toujours lucide;* il lui passait *des brouillards*, suivant son expression, il restait des minutes *sans rien voir*; il n'était donc plus apte à conduire les trains et demandait un emploi sédentaire. On lui répondit : *ou votre service ou la destitution.* Il n'y avait pas à hésiter, Marcel reprit sa locomotive.

» On a discuté si le disque d'arrêt de Pierrefitte était ou non allumé ; *ce n'était pas la peine après l'état où nous venons de dire que se trouvait Marcel Dombrowski.* »

Il peut sembler superflu maintenant d'invoquer d'autres exemples plus récents pour démontrer les dangers qu'entraîne, pour la sécurité publique, l'inanité du contrôle de l'Etat. J'en veux pourtant donner encore un.

L'on n'a pas oublié avec quelles instances, avec quelle terreur même, le pays réclama une modification au matériel roulant des Compagnies, après l'assassinat de M. Poinsot par l'insaisissable et légendaire Jud.

Une commission d'enquête nommée quelque temps après l'assassinat, en 1861, déposa, en 1863, un rapport dans lequel elle se bornait à demander « que les Compagnies fussent invitées à pratiquer, dans les compartiments de première et deuxième classe, des ouvertures fermées par une glace transparente et placées au-dessus des filets à bagage. »

Cette satisfaction *apparente* à donner au public était un sacrifice bien modeste imposé aux Compagnies. Elles se sont cependant refusées pendant longtemps à accomplir l'insignifiante amélioration qui leur était demandée dans l'intérêt de la sécurité publique.

Et cependant chaque jour des attentats nouveaux et des accidents de diverse nature venaient attester la nécessité de ne pas laisser les compartiments convertis en cellules matelassées, étouffant les cris de douleur ou d'agonie des voyageurs.

Aujourd'hui, 15 ans après le crime de Jud, quelques Compagnies ont consenti à établir, dans les wagons des trains rapides, des sonnettes d'alarme.

La mesure est bien *insuffisante*, il serait du moins du devoir du contrôle de veiller à ce que son exécution apparente ne devînt pas une coupable *dérision* des prescriptions administratives. Eh bien, voici ce qui est arrivé sur le chemin de fer de Paris-Lyon-Méditerranée, le 20 mars 1870 :

Le fils du docteur Lubanski prend à Lyon le train expresse à 10 heures 45 minutes du soir; à deux heures du matin, son cadavre, frappé de 34 coups de poignard, est trouvé sur la voie, près de Valence. A peine le train avait-il été en marche, que Lubanski avait été assailli par un assassin, son compagnon de route. La lutte avait été acharnée, Lubanski avait bondi vers la sonnette d'alarme, secouant de ses mains tremblantes et ensanglantées le cordon de l'appareil, sur lequel on retrouvait quelques heures plus tard la trace sanglante de ses doigts.

La sonnette d'alarme du compartiment où a eu lieu le crime n'était, ainsi que l'a démontré l'enquête, *qu'un simulacre de sonnette* adhérant à *un bouton postiche*.

Cette fraude *coupable* ayant causé mort d'homme aura du moins, peut-on croire, attiré l'attention des agents du contrôle, qui se seront, un peu tard, empressés de vérifier *les sonnettes d'alarme*. Eh bien ! non, notre collègue du Doubs, M. Monnot-Artilleur, voyageant cinq jours après le crime sur le même chemin de fer, veut s'assurer de l'état de la sonnette d'alarme placée dans le compartiment où il se trouvait ; or, ainsi que l'atteste une lettre de lui, lue devant le Tribunal de la Seine :

« Il n'existait aucune espèce d'appareil, le petit cordon était » simplement attaché par un nœud coulant sous la tête d'une » vis à bois. La tête de la vis à bois avait été taraudée pour y » implanter un bouton d'os destiné à cacher *la supercherie.* » On avait *simulé une sonnette d'alarme qui n'existait pas.* »

Nous n'avons pas besoin d'insister davantage sur l'*inanité* du contrôle de l'État en ce qui touche les intérêts de la sécurité publique; la preuve est malheureusement faite et parfaite. Revenons à cette question de *la durée du travail*, donnant toujours lieu à des affirmations contradictoires de la part des mécaniciens et des ingénieurs.

Un ancien élève-mécanicien de la Compagnie du Nord disait en 1865 :

« En outre des avaries qui peuvent survenir en route, et » qui demandent réparation aussitôt qu'on est arrivé, il est » un travail d'urgence qui ne peut jamais manquer d'être fait : » c'est le nettoyage des tubes à air chaud et de la machine, » l'approvisionnement du combustible, le graissage, le tender » à emplir d'eau, etc. Tout cela demande un travail très- » pénible de *deux heures.*

» Restent cinq heures, sur lesquelles il faut prélever *trois* » *heures* pour le temps du repas et les soins à donner à la » machine avant le départ. *Sur les neuf heures comptées par* » *l'administration, on n'a donc en réalité que deux heures de repos.* »

Cette différence entre le temps du travail *effectif* et la durée du travail *nominal* donnée par les feuilles de roulement n'est-elle pas *la clé* des affirmations contradictoires qui se reproduisent à toutes les époques ? M. Bastid, en 1872, semble l'avoir compris, car nous lisons dans son rapport :

« Il y a peut-être un malentendu, provenant d'une confusion » entre les heures de travail *effectif* et celles de séjour de pré- » sence dans les gares. »

Le Directeur du contrôle de la 2e section de P.-L.-M., en date du 15 juillet 1872, reconnaît que le temps de service des mécaniciens est, en réalité, « augmenté *d'une heure et demie* » *environ*, savoir : une heure pour que le mécanicien mette » la dernière main à sa machine et la place en tête du train, » et une demi-heure pour la conduire au dépôt. »

Les rapports des agents du contrôle transmis à la 30e commission d'initiative constatent, en outre, que les réclamations des mécaniciens contre la durée du travail n'étaient pas sans fondement. Nous lisons, en effet, dans un rapport du 31 août 1871 :

« Par suite des soins à donner à sa machine, le mécanicien » ne peut guère prendre de repos, sur les lits disposés à cet » effet dans les dépôts (1), pendant les interruptions *inférieures* » *à trois heures*.

» Les limites du service journalier ne devraient pas com- » prendre plus de 12 heures, *avec ou sans interruptions inférieures* » *à 3 heures*; 13 ou 15 heures, *avec une interruption de 3 heures*. »

Ce rapport est la condamnation des services de banlieue du Nord et de l'Ouest, services qui atteignent une durée de 15 heures à 15 heures 45 minutes, avec stationnements fréquents, *mais très-courts ;* d'un service de 17 heures 35 minutes tous les 14 jours, sur Sotteville et de bien d'autres tournées analogues.

En ce qui concerne le service de Paris-Lyon-Méditerranée, voici quelques indications à relever dans les rapports des ingénieurs du contrôle :

« Nous avons à signaler quelques tournées un peu longues. Il résulte de l'ensemble de ces renseignements, que les feuilles de roulement, *sauf quelques tournées un peu longues*, sont calculées de manière à ne pas imposer aux hommes un travail exagéré, *mais à la condition que la marche des trains soit régulière autant que possible*. » (2)

Or, un des ingénieurs ordinaires attachés au contrôle de cette Compagnie dit : « *Il y a trop et de trop grands retards dans la circulation des trains de marchandises*. »

(1) Je lis dans le *Moniteur des Employés de Chemins de fer* du 15 août 1875 : » A Montereau, le repos se trouve supprimé *par la vermine* qui a pris » possession depuis des années de ce dortoir, et par l'infection produite par » l'exiguité des lieux et *le voisinage des latrines*. »

(2) Ingénieur en chef du contrôle, 2e section.

L'ingénieur en chef du contrôle de la 3e section s'exprime ainsi :

« Tous les ingénieurs des mines attachés à cette section » s'accordent à reconnaître que les roulements présentent » quelques journées de travail *qu'on peut qualifier d'excessif...* » Il ressort de ces rapports que ces ouvriers (les mécaniciens » et chauffeurs) sont *exceptionnellement* soumis à un travail » *qu'on peut qualifier d'excessif*, mais que l'administration n'a » pas à intervenir à ce sujet entre eux et les Compagnies. »

Or, voici la conclusion d'un de ces ingénieurs des mines :

« En résumé, sans que la sécurité des voyageurs soit *positivement* compromise, le service des mécaniciens et chauffeurs est généralement *très-rude*. La Compagnie exige de ces agents *tout ce qu'elle peut leur demander.* »

Dans sa plaidoirie devant le Tribunal de Commerce de la Seine, Me Delattre avait cité le fait suivant comme preuve de la durée *excessive* du travail imposé parfois aux mécaniciens :

« Il y a quelques années, un vieux mécanicien fut signalé » comme ayant passé *endormi* devant trois gares. Appelé devant » le Directeur de l'exploitation, il reconnut la vérité de l'in- » culpation; mais il ajouta : avant de signer ma révocation, » vous regarderez ma feuille de service ; elle vous prouvera » que j'ai marché *38 heures consécutives*. Dam ! à la trente- » huitième heure, il paraît que mon chauffeur et moi nous » avons sommeillé *involontairement* un bout de chemin. Vous » êtes juste, vérifiez. Et il ne fut pas révoqué. »

Un fait analogue est cité par un des ingénieurs du contrôle de P.-L.-M. Une collision de trains ayant eu lieu à Vienne, le 11 décembre 1871, le mécanicien Chardon avait déclaré au commissaire de surveillance qu'il avait cru le train tamponné sur une autre ligne, mais qu'il était troublé *par un excès de fatigue, étant sur sa machine depuis 21 heures*, à l'exception d'une heure de repos à Valence.

A propos de cette déclaration, l'ingénieur ordinaire du contrôle échange une assez longue correspondance avec l'ingénieur de traction au service de la Compagnie, et il la résume ainsi dans son rapport, en date du 18 janvier 1872 :

« Il résulte de cette discussion que Chardon *avait bien 21 heures de service*, y compris un repos de 1 h. 1/2 suivant lui, de 2 h. 1/2 suivant l'autre version ; et le train devait aller jusqu'à Lyon, *ce qui demandait encore deux heures de plus*... Qu'un service aussi prolongé doit fatiguer un homme et que le motif allégué par Chardon *est bien admissible.* »

L'ingénieur en chef du contrôle approuve ce rapport, en rappelant qu'il a déjà dit « qu'il ne suffit pas, *pour juger de la* » *fatigue imposée aux mécaniciens*, de prendre des moyennes, » mais qu'il faut aussi examiner s'il n'y a pas de trop longues » périodes. »

Enfin, le Directeur général du contrôle met cette annotation en marge du rapport :

« Copie du présent rapport a été communiquée à la » Compagnie, en l'invitant à la retourner dans le plus bref » délai, avec ses observations. Il importe que ces faits, même » isolés, *ne puissent être invoqués à l'appui des prétentions des* » *meneurs*. »

Cependant, en transmettant ces rapports à la 30ᵉ commission d'initiative, le Ministre y joignait une note de l'administration des Travaux publics ainsi conçue :

« On a dit que les Compagnies abusaient des forces des » mécaniciens, qu'elles leur imposaient des durées de service » beaucoup trop prolongées et qu'il en pouvait résulter un grave » péril pour la sûreté publique. Déjà, en 1865, l'administration » des travaux publics avait prescrit une enquête sérieuse auprès » des ingénieurs du contrôle, à l'effet de constater la durée du » travail que les Compagnies imposaient aux mécaniciens. » Cette enquête, dont les éléments ont disparu pendant la » Commune, établissait que les plaintes formulées sous ce rap- » port contre les Compagnies *n'étaient pas fondées*.

Mais en 1872, à la suite de nouvelles réclamations élevées » par les mécaniciens, une nouvelle enquête très-approfondie » a été faite. J'en joins ici les résultats pour ce qui concerne » la ligne de Paris à la Méditerranée, et la commission pourra » se rendre compte par elle-même *du peu de fondement* des » griefs articulés contre les Compagnies. »

On voit, par cette citation, quel est l'esprit qui anime les hauts dignitaires qui sont chargés d'assurer l'exercice du contrôle de l'Etat et de qui relèvent tous les agents du contrôle.

En effet, si ces rapports cherchent à établir que les mécaniciens exagèrent lorsqu'ils disent : — « Il nous arrive fréquemment *de travailler 40 heures sans repos et souvent 12 heures sans manger,* » ils établissent, du moins, que certaines tournées, *déjà un peu longues*, d'après les feuilles de roulement, doivent être augmentées de *une heure et demie* de travail en gare au départ et à l'arrivée ;

Que la durée du service devient *excessive* quand la marche des trains, comme cela arrive trop souvent, cesse d'être régulière ;

Que le travail *très-rude* des mécaniciens, de qui l'on exige parfois *tout ce qu'on peut leur demander*, atteint, par exception, une durée telle qu'elle devient susceptible de compromettre la sécurité des voyageurs.

Les réclamations provoquées par cette durée du travail en 1871 étaient donc loin d'être sans fondement.

ANNEXE E (1).

Retenues. — La Compagnie d'Orléans.

Depuis 1845, la Compagnie d'Orléans fait un prélèvement de 15 % sur l'excédant des produits nets de son exploitation. Ce prélèvement est destiné à parfaire le chiffre *insuffisant* du traitement *fixe* alloué à ses agents.

Il a progressivement diminué ; en 1853, il permettait d'accorder à chaque agent une allocation supplémentaire de 40 fr. 96 c. % de son traitement ; en 1865, cette allocation était descendue à 14 fr., 40 c. % du traitement.

C'est sur cet appoint que la Compagnie retient à ses agents la plus grosse part, pour la verser à leur nom à la caisse des retraites pour la vieillesse. Ainsi, par exemple, en 1865, sur

(1) Voir page 3 et suiv.

les 14 fr. 40 c. °/° du traitement *fixe*, alloués en supplément d'appointements à chaque agent, la Compagnie prélevait 10 fr. pour les verser à la caisse des retraites. Quant au traitement *fixe*, il est versé intégralement aux agents, sans subir aucune retenue.

ANNEXE F (1).

Retenues. — Compagnies de l'Est, de la Méditerranée, du Nord, de l'Ouest et du Midi.

Ces cinq Compagnies imposent à leurs agents des retenues sur le montant des traitements qui leur sont alloués.

L'Est et la Méditerranée sont les deux seules Compagnies qui aient inséré dans leurs règlements cette clause *léonine*, que les retenues, une fois versées à la caisse de la Compagnie, devenaient la propriété de la Compagnie.

Au Nord, à l'Ouest et au Midi, les retenues faites sur le salaire mensuel des agents sont versées à la caisse des retraites pour la vieillesse, au nom des agents, qui en conservent la propriété.

ANNEXE G (2).

Retraites. — Clause léonine insérée dans un règlement.

Lors même que la clause *léonine* par laquelle une Compagnie s'approprie la part de salaire retenue à ses agents, en vue d'une pension de retraite, n'existerait pas au début dans le règlement, elle peut être imposée aux agents ultérieurement.

C'est ce qui est arrivé, en 1864, à la Compagnie Paris-Lyon-Méditerranée. Cette clause a été insérée dans le règlement, en même temps que d'autres modifications des plus

(1) Voir page 10.

(2) Voir page 10.

préjudiciables aux agents, et les agents se sont vus contraints d'accepter le nouveau règlement.

D'après le règlement de la caisse des retraites, datant de 1856 :

1° Le montant des retenues opérées sur le salaire des agents était de 3 %; ces retenues étaient versées à leur nom à la caisse des retraites pour la vieillesse, *et restaient leur propriété;*

2° L'agent avait droit à une retraite double de celle que lui aurait assuré le montant de ses retenues, après 20 ans de service actif et à 50 ans d'âge;

3° Dans le cas de blessures graves ou d'infirmités prématurées, entraînant incapacité de travail, la pension pouvait être liquidée, *même avant l'âge de 50 ans,* en proportion des retenues versées.

Le 1er mai 1864, le directeur de la Compagnie publia un nouveau règlement de la caisse des retraites, devant fonctionner à partir du 1er juillet 1864. En vertu de ce règlement :

1° Le montant des retenues est porté de 3 % à 4 %; il est versé dans la caisse de la Compagnie, et *reste la propriété de celle-ci,* en cas de décès, de démission ou de révocation des agents;

2° Les versements de la Compagnie n'augmentent pas, ils ne doublent plus, ils augmentent seulement de trois septièmes la retraite à laquelle l'agent aurait droit d'après le montant de ses retenues ;

3° L'agent a droit à la retraite après 25 ans de service actif et à 55 ans d'âge seulement, *au lieu de 20 ans et 50 ans;*

4° Dans le cas de blessures graves ou d'infirmités prématurées entraînant incapacité de travail, la Compagnie se réserve de mettre à la retraite, d'office et par anticipation, les agents âgés *de plus* de 50 ans et ayant *au moins* 15 années de service.

En d'autres termes, si un employé est blessé ou devient infirme avant de réunir cette double condition, d'être âgé de plus de 50 ans et d'avoir 15 années de service, il ne peut espérer être pensionné, *il n'a qu'à aller à l'hôpital.*

Il semble impossible qu'un seul des agents entrés au service de la Compagnie sous l'empire du règlement de 1856, se soit déterminé à passer sous celui de ce nouveau règlement, apportant de si graves et onéreuses modifications à sa situation.

Cependant, au 1er juillet 1864, sur 7,849 agents, 6,451 étaient passés du régime de 1856 à celui de 1864!

Comment un tel résultat avait-il pu être obtenu ?

Les pièces suivantes montrent par quels procédés put être vaincue la résistance des agents :

Le Sous-Chef de traction de la 2e section aux Chefs de dépôt.

« Monsieur le Chef de Dépôt,

» Je vous adresse copie d'une lettre de M. l'Ingénieur de la traction, d'après laquelle je vous engage *à démontrer à vos agents les avantages de la nouvelle caisse;* je vous prie *de me signaler ceux qui, malgré vos observations, refuseraient catégoriquement de s'y faire inscrire.* »

« Monsieur le Sous-Chef de Traction,

» Je vous prie d'engager Messieurs les Chefs de dépôt de votre sous-section *à bien faire comprendre* aux agents tout l'intérêt personnel qu'ils ont à opter pour la nouvelle caisse des retraites. Ceux qui, jusqu'ici, ont hésité, n'ont certainement pas compris les avantages qui leur étaient faits, et *je verrai avec peine* que les intentions bienveillantes de la Compagnie à l'égard de tous les employés *ne soient pas mieux appréciées par eux* et accueillies avec plus d'empressement de la part des agents de mon service, et je vous engage A LEUR IMPOSER les bienfaits de l'administration.

« *L'Ingénieur de la Traction,*

» Walh. »

Grâce à ces bienfaits *imposés,* il est arrivé que *sur 2,046 mécaniciens* employés par la Compagnie de 1865 à 1875, *deux seulement* ont acquis le droit à la retraite.

Grâce à ces bienfaits, et à l'usage du renvoi *arbitraire,* il ne devait plus rester, le 1er janvier 1874, au nombre des participants à la caisse de 1864, que des agents comptant *au maximum* neuf ans et demi de services.

En effet, 6,451 agents étant passés du régime de la caisse de 1856 à celui de la nouvelle caisse, le 1er juillet 1864, et 15,300 nouvelles inscriptions ayant eu lieu avant le 31 décembre 1873, il y aurait dû y avoir, le 1er janvier 1874, 21,751 participants. A cette époque cependant ce nombre se trouvait réduit à 14,846 par suite des *radiations* pour révocations, démissions ou décès.

Or, selon le calcul des probabilités, les 6,905 radiations opérées doivent s'appliquer :

1° Aux 6,451 agents inscrits avant le 1er juillet 1864 ;

2° A 454 agents inscrits postérieurement à cette date.

Il ne devait donc rester au 1er janvier 1874, au nombre des participants, que des agents comptant *moins de dix ans de service.*

Si les intérêts des agents se trouvent compromis par suite de l'application des mesures inspirées par *les bienveillantes intentions de la Compagnie*, en revanche la caisse des retraites est assez prospère pour pouvoir contribuer *à maintenir, avec ses fonds, le haut cours des obligations de la Compagnie.* Au 1er juillet 1864, son capital était, en chiffres ronds, de 7,500,000 fr. ; il était composé de 1,620,000 de valeurs diverses et de 5,880,000 fr. d'obligations de la Compagnie. Au 1er janvier 1874, ce capital s'élevait à 25,910,000 fr., dont 25,212,000 fr. *en obligations de la Compagnie.*

ANNEXE H.

Leurre de la retraite (1).

Les chauffeurs et mécaniciens déclarent que, alors même que la faculté du renvoi *arbitraire* serait retirée aux Compagnies, la retraite promise ne cesserait pas d'être *un leurre* pour eux, *avec les conditions d'âge et de temps de service* exigées par le plus grand nombre des Compagnies. Ils disent : avec les conditions de notre travail très-rude et des plus fatigants, la pension de retraite devrait nous être acquise au bout de 20 ans de service et quel que soit notre âge.

(1) Voir page 5.

M. l'Inspecteur général des mines, Directeur général du contrôle de P.-L.-M., déclare que de telles demandes sont, par leur exagération même, *en dehors de toute discussion.*

A cette affirmation sans preuves à l'appui, nous pouvons opposer un témoignage d'une toute autre valeur, celui de M. le docteur Duchesne. M. Duchesne, recommandé en 1857 à toutes les Compagnies, par le Préfet de police et par le Ministre des Travaux publics, s'est livré à de longues investigations, avec le concours des médecins des grandes Compagnies, des chauffeurs et mécaniciens de France, d'Allemagne, d'Angleterre et de Belgique, des chefs de dépôt, des ingénieurs en chef, etc.

Il a publié le résultat de ses investigations sous ce titre : *Des chemins de fer et leur influence sur la santé des mécaniciens et chauffeurs.*

Or, voici ce qu'on lit à la page 184 de son travail :

« *Il y a peu de mécaniciens qui puissent faire ce service actif*
» *pendant plus de 18 ans et je ne crois pas qu'ils puissent jamais*
» *dépasser 20 ans.*

» J'ai interrogé les plus anciens mécaniciens des lignes
» françaises, ayant 12, 15, 18 et même 20 ans de service sur
» les machines, et je puis certifier qu'arrivés à cette dernière
» période, *ce sont des hommes usés* et peu capables de continuer,
» sans danger pour leur santé, un service aussi fatigant. »

Les faits sont-ils d'accord avec les affirmations de la science ?

Voici quelles sont, pour les diverses Compagnies, les conditions d'âge et de temps de service pour avoir *droit* à la retraite dans le service *actif* :

	Age.	Temps de service.
Midi,	55 ans.	25 années.
Méditerranée,	55	25
Ouest,	55	25
Orléans,	50	25
Est,	50	20 et 25 (1)
Nord,	50	20

(1) Retraite intégrale après 25 ans de service, retraite *réduite* après 20 ans de service.

Cinq de ces Compagnies ont fourni à la 30e commission d'initiative les renseignements qu'elle leur avait fait demander; seule la Compagnie d'Orléans n'a fait aucune réponse sur la question des mises à la retraite.

Dans une période de dix ans, du 1er janvier 1865 au 1er janvier 1875, voici le nombre des mécaniciens qui ont été mis à la retraite, dans les conditions réglementaires, par ces cinq Compagnies:

La Compagnie du Midi n'a pas encore mis à la retraite *un seul* mécanicien, ni dans les conditions réglementaires, ni par anticipation.

Sur les 2,046 mécaniciens que la Compagnie de Paris-Méditerranée a eus à son service pendant cette période de dix ans, *deux* seulement ont été retraités dans les conditions réglementaires.

Sur ces 2,046 mécaniciens, 425 seulement étaient entrés avant le 1er janvier 1865 et ont *plus de dix ans* de service.

1,309 sont présents au 1er janvier 1875.

Sur les 737 rayés des cadres,

2 ont été retraités *de droit;*
85 l'ont été par faveur;
204 sont passés à un autre emploi;
99 sont morts;
88 ont donné leur démission;
82 ont été congédiés pour maladie;
19 l'ont été pour blessures;
158 ont été révoqués.

Sur les 85 mécaniciens retraités *par faveur* après 50 ans d'âge,

50 avaient moins de 20 ans de service;
22, de 20 à 24 ans de service;
8, 25 ans de service;
5, 26 ou 27 ans de service.

Les causes de leur mise anticipée à la retraite sont : affaiblissement de la vue, affaiblissement général, paralysie de la face, rhumatismes, ankylose des articulations, varices, hernies, surdité, bronchite chronique, affaiblissement des facultés intellectuelles.

On le voit, c'étaient des hommes *usés* par le service prolongé qu'ils avaient fait.

A l'Ouest, il y a eu *cinq* mécaniciens retraités dans les conditions réglementaires et 19 ont été mis à la retraite anticipée (1). Dans cette période décennale, 6 chefs ou sous-chefs de dépôts, *anciens mécaniciens*, ont aussi été mis à la retraite.

A l'Est, où l'employé quittant la Compagnie après 20 ans de service reçoit une pension de retraite, on a mis à la retraite, dans les conditions règlementaires, 51 mécaniciens et 20 chauffeurs. En outre, ont été mis à la retraite *anticipée*, pour blessures ou infirmités ayant amené une incapacité absolue de travail, 10 mécaniciens et 11 chauffeurs.

Au Nord, il y a eu 31 mécaniciens retraités à 50 ans, après 20 ans de service, 18 autres ont été mis à la retraite *anticipée* comme incapables de continuer à travailler (pour causes de santé, affaiblissement de la vue, blessures, vieillesse).

On le voit, les faits sont d'accord avec les affirmations de la science, les mécaniciens et chauffeurs sont des hommes *usés* quand ils ont 20 ans de service.

Dans les Compagnies où les règlements fixent pour le droit à la retraite un âge *trop avancé* et un temps de service *trop long*, le nombre des mécaniciens mis à la retraite, de 1865 à 1875, a été dérisoire.

Zéro au Midi, 2 à Paris-Méditerranée, 5 à l'Ouest.

Au contraire, au Nord, où les mécaniciens ont *droit* à la retraite à l'âge de 50 ans et après 20 ans de service, et à l'Est, où ces agents peuvent demander leur mise à la retraite dans les mêmes conditions, le nombre des mises à la retraite a été *raisonnable*.

Est-il équitable de maintenir dans les règlements de certaines Compagnies des conditions d'âge et de temps de service qui, pour les chauffeurs et les mécaniciens, font de la retraite *un*

(1) L'art. 5 du règlement porte que la Compagnie se réserve le droit de mettre à la retraite, d'office et par anticipation, tout employé âgé de plus de 50 ans et ayant *au moins* 20 ans de service. Cependant, parmi les 19 mécaniciens mis à la retraite anticipée, de 1865 à 1875, l'un avait 17 ans de service et l'autre 14 seulement.

leurre, des règlements qui maintiennent au service *des hommes usés* et cela au détriment de la sécurité publique ?

Nous posons la question au Ministre des Travaux publics, en lui rappelant les paroles qu'il prononçait le 27 mai dernier : « *Les grandes Compagnies ne font rien, ne peuvent rien faire que ce que l'État a consenti.* »

ANNEXE I (1).

Taxes à disposition.

Il y a fort peu d'employés qui ne se perdent dans le dédale des tarifs.

S'ils se trompent *en percevant moins*, ils ont à rembourser le montant de leur erreur et sont passibles d'une amende ; s'ils commettent l'erreur de percevoir *trop*, leur erreur n'est point *punissable*, car elle *est profitable à la Compagnie*.

Dans ce cas, on se contente de porter à l'encre rouge, dans la colonne intitulée : *taxes à disposition*, le montant de la somme perçue en trop.

Si le commerçant s'aperçoit de l'erreur commise à son détriment et *réclame*, on lui remet la somme *indûment perçue*, que l'on tenait à sa *disposition*.

Mais, s'il ne réclame pas, on se garde bien de lui signaler l'erreur dont il a souffert, et *l'argent reste dans la caisse de la Compagnie*.

Avec la sainte terreur qu'inspirent aux employés les remboursements et les amendes en cas d'erreur de perception *en moins*, on comprend que, sur 100 erreurs, il y en ait 99 commises au détriment du public.

Aussi cette perception *extra-légale* est-elle, chaque année, pour les Compagnies, une source de bénéfices considérables, bénéfices s'élevant parfois à plusieurs millions.

Les employés et les comités d'administration des Compagnies n'ont point à regretter un tel état de choses ; seul, le

(1) Voir page 16.

public pourrait se plaindre de payer *plus qu'il ne doit;* mais n'est-il point habitué à être traité par les grandes Compagnies comme gent taillable et corvéable à merci !

ANNEXE J (1)

Les Amendes.

Me Delattre, dans sa plaidoirie devant le Tribunal de Commerce de la Seine, cite ce fait : Un mécanicien appointé à 170 fr. par mois a dû subir une retenue de 175 fr. Il va sans dire qu'on a dû lui faire *la faveur* de répartir sur un certain nombre de mois le paiement de cette amende excessive.

M. Bastid, sur la foi des agents supérieurs de l'administration des Travaux publics, a déclaré dans son rapport que, pendant une période de cinq ans, la moyenne des amendes infligées avait été de 83 centimes chaque année, par agent de la traction.

C'est toujours le système des moyennes, comme dans la question de la durée du travail, système qui ne prouve rien et interdit tout contrôle des affirmations produites.

Les mécaniciens se sont émus à la suite d'une affirmation qui leur semblait en contradiction complète avec la réalité des faits.

A la 1re section de Paris-Méditerranée, ils ont constaté que le montant des retenues opérées sur les salaires des mécaniciens avait été de 3,301 fr. 77, pour le 1er semestre de l'année 1872; que, en ajoutant au montant de ces amendes proprement dites, les amendes *permanentes,* résultant des descentes de classe, il y avait eu en six mois, à cette section, des retenues s'élevant à 4,051 fr. 77.

Pour un an, ces retenues ont donc dû monter à 8,103 fr. 54, et, comme la 1re section compte 308 chauffeurs ou mécaniciens, la moyenne des amendes subies par chaque agent sera, non pas de 83 centimes, mais bien de 26 fr. 30. Cet exemple suffit pour faire apprécier la valeur du système des moyennes, si cher aux hauts dignitaires du ministère des Travaux publics.

(1) Voir page 16.

ANNEXE K (1).

Epuisement des degrés de juridiction.

M. Pouyer-Quertier déposant, en 1870, devant la commission d'enquête, disait : « Les Compagnies ont des conseils de » contentieux bien organisés pour soutenir des procès. Elles » vous font épuiser tous les degrés de juridiction et l'on » *se fatigue* de plaider contre elles. »

Si les commerçants aiment mieux supporter les injustices dont ils ont à se plaindre que d'en réclamer la réparation par la voie judiciaire avec de si terribles adversaires, quelle sera la situation des agents de chemins de fer quand ils recourront aux tribunaux ?

La meilleure réponse à cette question est la lettre suivante, écrite en 1865, par un avocat qui avait organisé une sorte de bureau de contentieux, lequel prenait *à forfait* les procès que les commerçants, les voyageurs ou les employés avaient à soutenir contre les Compagnies de chemins de fer.

Voici cette lettre :

« Un voyageur sans fortune, ou même un employé de la Compagnie, sans autre ressource que son travail, est blessé grièvement dans un accident ; il se fait soigner comme il peut ; puis, quand il commence à surmonter sa terreur, il s'adresse à la Compagnie qui, ayant fait le mal, doit le réparer. Il demande une légitime indemnité, et, quel qu'en soit le chiffre, il est toujours trouvé exorbitant. On lui répond (quand on lui répond), ou que ses prétentions sont exagérées, ou que la Compagnie n'est pas responsable, que c'est enfin un cas de force majeure, etc. Quand les choses vont au mieux, on lui offre une indemnité dérisoire. De là, forcément, poursuites devant le tribunal de première instance, lequel, quatre-vingt-dix-neuf fois sur cent, condamne la Compagnie à des dommages-intérêts sérieux.

» Six ou huit mois se sont écoulés, la victime du mono-

(1) Voir page 22.

pole obtient enfin justice; elle se croit sauvée; elle a vécu jusque-là de misère, de privations, elle et sa famille; elle va pouvoir enfin acheter le pain de chaque jour. Mais la Compagnie, qui ne manque de rien, elle, et qui a des millions au service de son contentieux, n'exécute pas le jugement, et interjette appel devant la Cour. Un an, quinze mois se passent, il faut les délais d'appel. La Cour prononce un arrêt qui confirme ou même augmente quelquefois la sentence des premiers juges : tout est bien alors, et force reste à la justice.

» Mais pour arriver là que de souffrances, que de sacrifices, que de misères il a fallu supporter ! Et combien d'ouvriers et de voyageurs, rendus infirmes pour la vie, ne peuvent attendre ce certain, mais trop lointain succès ! Alors, pris par la famine, par des besoins de toute sorte, sachant que, s'ils plaident contre leur tout-puissant adversaire, il leur faudra avancer honoraires d'avoués, d'avocats, droits de greffe, de timbre et d'enregistrement, et attendre dix-huit mois ou deux ans, ils préfèrent transiger avec la Compagnie, qui abuse alors de la situation et paye une indemnité ressemblant plutôt à une aumône qu'à la réparation équitable du préjudice causé. »

ANNEXE L (1).

Droit d'ingérence de l'Etat.

Quand il s'agit, pour les adversaires de la proposition Cazot, de retirer aux Compagnies la faculté de se délier de l'engagement qu'elles ont pris envers leurs agents de leur payer pension, ou, en d'autres termes, de la faculté de les renvoyer *sans motifs sérieux et sans indemnité*, ils font les objections que voici :

L'Etat n'a pas le droit d'intervenir dans l'exécution des contrats, son intervention dans les affaires de sociétés *privées* serait une violation des principes.

(1) Voir page 32.

Quant au contraire, il est question d'accorder aux mécaniciens le bénéfice de la juridiction des ouvriers, parce qu'ils sont des ouvriers au service des Compagnies de chemins de fer, on s'écrie :

Ces Compagnies sont la représentation de l'Etat en matière de transports, les agents de la traction sont de véritables fonctionnaires !

J'ai montré le peu de fondement de ces dernières affirmations, il me reste à établir le droit d'ingérence de l'Etat dans les affaires des Compagnies.

Les Compagnies de chemins de fer, contrôlées par l'Etat, subventionnées par lui, mises à l'abri de toute perte par les garanties d'intérêt, placées dans la dépendance absolue du ministère des Travaux publics pour les moindres détails de leur exploitation et de leur trafic, ont dû être surprises de voir contester le droit d'ingérence de l'Etat dans leurs affaires. En vertu de la loi, elles ne peuvent mettre en vigueur un règlement relatif au service ou à l'exploitation, appliquer un tarif au transport des voyageurs ou des marchandises, sans que ce règlement ou ce tarif aient reçu l'approbation du Ministre des Travaux publics.

L'Etat s'est en outre réservé, dans l'intérêt de la sécurité publique, le droit d'exiger certaines conditions de capacité pour tels ou tels agents des Compagnies (1), et d'intervenir dans l'exécution des contrats de la manière la plus absolue, ainsi qu'en témoigne ce passage d'une circulaire ministérielle du mois d'octobre 1855 :

(1) Ordonnance royale de 1846, art. 74 :

« Nul ne pourra être employé en qualité de mécanicien-conducteur de train, s'il ne produit des certificats de capacité délivrés dans les formes qui seront déterminées par le Ministre des Travaux publics. »

Circulaire du Ministre, 24 juin 1856 :

« Aucun chauffeur ne sera autorisé à suppléer les mécaniciens pour ces manœuvres (de gare), s'il n'a été reconnu avoir les connaissances nécessaires pour alimenter le feu et la chaudière, régler la pression, manœuvrer le régulateur et le levier de marche.

» Les chauffeurs devront être porteurs d'un certificat d'aptitude délivré par la Compagnie. »

« Je vous invite à m'adresser un état complet des employés du service de la voie et de la traction, gardes de jour et de nuit, agents des stations, aiguilleurs, mécaniciens, chauffeurs, en indiquant, pour chacun d'eux, *le chiffre de son traitement* et la durée de son travail journalier. Vous me ferez connaître si *le taux de ce traitement* et cette durée de travail vous paraissent en rapport, d'une part, avec les conditions d'aptitude spéciale, de l'autre, avec le degré de fatigue et d'attention qu'exige la nature de chaque service. »

Ainsi, non-seulement l'Etat exige des conditions d'aptitude spéciale de certains agents des Compagnies, non-seulement il peut veiller à ce qu'on impose pas à ces agents une trop longue durée de travail, mais encore il s'inquiète de savoir si la Compagnie leur alloue un salaire *suffisant*.

Enfin, dans un intérêt *purement politique*, l'Etat s'est réservé une action propre sur le personnel au service des Compagnies, qui reste *soumis à la surveillance de l'administration publique*, et, en vertu du décret du 27 mars 1852, il a le droit de requérir des Compagnies la révocation d'un agent dont le service et la capacité ne laissent absolument rien à désirer.

N'est-il pas surprenant qu'en présence d'un tel état de choses, on vienne dire, pour défendre la faculté du renvoi *arbitraire* des agents, que l'Etat n'a pas droit d'ingérence dans les affaires des Compagnies de chemins de fer.

TABLE DES MATIÈRES

ANNEXES

Saint-Brieuc, Imprimerie Francisque Guyon, rues Saint-Gilles & de la Préfecture.

www.ingramcontent.com/pod-product-compliance
Lightning Source LLC
LaVergne TN
LVHW020433230826
846091LV00004B/1486
9782013595483